Le prix Nobel de littérature et l'Europe
The Nobel Prize for Literature and Europe

ÉTUDES DE LINGUISTIQUE, LITTÉRATURE ET ART
STUDI DI LINGUA, LETTERATURA E ARTE

Dirigée par Katarzyna Wołowska et Maria Załęska

Volume 47

Nikol Dziub / Augustin Voegele (eds.)

Le prix Nobel de littérature et l'Europe The Nobel Prize for Literature and Europe

PETER LANG

Information bibliographique de la Deutsche Nationalbibliothek
La Deutsche Nationalbibliothek a répertorié cette publication dans la Deutsche Nationalbibliographie; les données bibliographiques détaillées peuvent être consultées sur Internet à l'adresse http://dnb.d-nb.de.

ISSN 2196-9787
ISBN 978-3-631-84182-2 (Print)
E-ISBN 978-3-631-84259-1 (E-PDF)
E-ISBN 978-3-631-84260-7 (EPUB)
DOI 10.3726/b18346

Peter Lang – Berlin · Bern · Bruxelles · New York · Oxford · Warszawa · Wien

Il a été revu par des pairs avant sa publication.

www.peterlang.com

Table des matières

Liste des contributeurs

Jean-François Battail
Sorbonne Université

Régine Battiston
Université de Haute-Alsace

Katrin Bedenig
ETH Zürich

Pascal Dethurens
Université de Strasbourg

Angelica Duran
Purdue University

Nikol Dziub
Université de Haute-Alsace

Emmanuel Fraisse
Université Sorbonne Nouvelle – Paris 3

Clara Lévy
Université Paris 8

Roger Marmus
Sorbonne Université – Paris 4

Doru Pop
Babeş-Bolyai University, Cluj

Mihaela Ursa
Babeş-Bolyai University, Cluj

Augustin Voegele
Université de Haute-Alsace

Nikol Dziub et Augustin Voegele

Valeur(s) du Nobel. Introduction

Résumé : Ce qui constitue l'épine dorsale de ce volume, c'est la question des valeurs qui d'une part président au choix des lauréats du prix Nobel de littérature, et d'autre part fondent, du point de vue de l'économie de la culture, la légitimité du Nobel de littérature en tant qu'institution prétendant définir des ordres et des hiérarchies. Or ces valeurs semblent intimement liées à celles qui structurent un idéal européiste qui, sous une forme géographiquement élargie, demeure bien vivant aujourd'hui dans les discours officiels.

Mots-clés : prix Nobel de littérature, valeurs, économie de la culture, institutions littéraires, Europe.

Abstract : What constitutes the backbone of this volume is the question of the values which, on the one hand, preside over the choice of the winners of the Nobel Prize for Literature, and on the other hand, from the point of view of the economy of culture, underlie the legitimacy of the Nobel Prize for Literature as an institution which claims to define cultural hierarchies. These values seem to be intimately linked to those that structure a Europeanist ideal which, in a geographically enlarged form, remains very much alive today in official discourse.

Keywords : Nobel Prize for Literature, values, economy of culture, literary institutions, Europe.

En juin 2017, l'Institut de recherche en Langues et Littératures Européennes (ILLE, UR 4363, Université de Haute-Alsace) invitait à Mulhouse, à l'occasion d'un colloque intitulé « Comparer en Europe », des comparatistes de plus de vingt-cinq pays européens et nord-américains, de l'Allemagne à l'Ukraine en passant entre autres par l'Autriche, la Belgique, l'Estonie, la Finlande, la Grèce, l'Irlande, le Luxembourg, la Suisse, ou encore la Roumanie. La question Nobel ne faisait pas partie des axes prévus par les organisateurs, mais elle s'est invitée d'elle-même dans les débats : l'un des constats forts qui ont pu être faits au cours du colloque, c'est que, pour les littératures dites « mineures » (les guillemets s'imposent), l'attribution d'un prix comme le Nobel fonctionne presque comme un acte de naissance, au moins du point de vue institutionnel. Le cas du Polonais Czesław Miłosz, lauréat en 1980, est à cet égard archétypal : en tant que prix Nobel, ce dernier a été, plus encore qu'un ambassadeur, presque une sorte d'incarnation ou de réincarnation de la littérature polonaise qui renaissait de ses cendres (institutionnelles, encore une fois), et qui retrouvait sa place dans le « tissu » de « connexions » culturelles dont Miłosz fait justement l'éloge dans *Rodzinna Europa* (littéralement *L'Europe familière*, texte publié en 1959).

Un autre cas qui avait été au cœur des discussions était celui d'Herta Müller. La grande question de départ était celle-ci : faut-il considérer que le prix Nobel est revenu, en 2009, à une écrivaine allemande d'origine roumaine, ou à une écrivaine roumaine germanophone (et dont l'allemand est fortement teinté de roumanité) ? Mais cette question a vite été dépassée, pour laisser la place aux questions théoriques que justement elle suscitait : est-il encore pertinent de penser la carte des littératures européennes et mondiales en termes de nationalités d'une part, d'aires linguistiques homogènes d'autre part ? Ne faudrait-il pas créer des cartes en quelque sorte stratifiées, où les différents critères de cartographie se superposeraient, en transparence ? Et puis, autre question – et c'est celle-là qui a donné naissance au colloque organisé à Mulhouse en juin 2019 dont ce volume est une émanation (sans en constituer à proprement parler les actes) : quel rôle jouent les institutions de la littérature, et en particulier les institutions supranationales comme le Nobel, dans la cristallisation, ou en tout cas dans l'émergence de ces nouvelles littératures, de ces littératures à cheval sur plusieurs aires culturelles, nationales, linguistiques, de ces littératures qui sont difficilement catégorisables, et qui pourtant ont une valeur catégorielle ? D'où aussi cette question plus simple : à quoi ressemble aujourd'hui la carte des littératures européennes que l'attribution du prix Nobel de littérature redessine chaque année ? Et par ailleurs, y a-t-il un lien entre la vision de l'Europe (et de l'Europe littéraire en particulier) qui préside à l'attribution du Nobel, et la vision que le récipiendaire a lui-même de l'Europe – notamment quand il s'agit d'un récipiendaire européen ?

Mais qu'est-ce qu'un récipiendaire européen ? Où sont situées les frontières culturelles de l'Europe, ou les frontières de l'Europe culturelle et littéraire ? Peut-on considérer par exemple Orhan Pamuk (lauréat en

2006) comme un Nobel européen ? La même question se pose pour Svetlana Aleksievitch, récipiendaire du prix en 2015 : où situer par rapport à l'Europe culturelle et à l'Europe littéraire cette écrivaine biélorusso-ukrainienne russophone ? Et l'on pourrait aussi débattre autour du cas « transcontinental » de Mario Vargas Llosa (2010), prix Nobel hispano-péruvien ; sans oublier Gao Xingjian (2000), Nobel sino-français.

Ce ne sont donc pas les questions qui manquent quand on aborde le sujet des rapports entre les choix du « jury Nobel » et un supposé « esprit européen » (pour ne pas parler d'« idéal européiste »). Et la première question, la question originelle, est celle de l'idée que Nobel lui-même se faisait des futurs lauréats de son prix : c'est précisément le point central de la contribution de Jean-François Battail, « Alfred Nobel : les volontés d'un citoyen du monde – et ce qui en est advenu ». Qu'est-ce que cette « tendance idéaliste » que Nobel souhaitait voir récompenser en littérature ? Sans doute pas ce qu'en a fait Carl David af Wirsén, qui présida au choix des premiers lauréats : une hypostase du conformisme et de la bien-pensance « bigote ». Jean-François Battail rappelle que Nobel (qui fut, entre autres, l'auteur d'une tragédie intitulée *Nemesis*, si « scandaleuse » qu'elle fut « mise au pilon » par ses ayants droit), s'il était « discret dans la vie », était « rebelle en son for intérieur, à l'égard des conventions, de l'ordre établi, de l'injustice omniprésente, de la dictature des prêtres » – un vrai « libre-penseur » en somme. D'où – et l'on oublie trop souvent le caractère presque téméraire de ce geste en une époque où la logique nationale était encore trop rarement dépassée – sa décision de fonder une série de prix « internationaux » dont l'attribution devait se faire sans distinction de nationalité : s'il peut être abusif de parler d'un « européisme » originel du prix Nobel, ce qui ne fait pas de doute, c'est que Nobel pensait à l'échelle continentale, voire mondiale.

S'il peut être difficile, de nos jours encore, de comprendre ce que Nobel entendait par « tendance idéaliste », il convient aussi de se demander ce qu'il faut entendre par « littérature » : rappelons que, de l'historien Theodor Mommsen (1902) au chanteur Bob Dylan (2016) en passant (entre autres) par les philosophes Henri Bergson (1927) et Bertrand Russell (1950), ou encore par l'homme de théâtre Dario Fo (1997), les lauréats « non littéraires » ne sont pas rares. Comme le note Emmanuel Fraisse dans son article (« Le prix Nobel et la littérature : définitions, indécisions, inflexions »), l'histoire du Nobel est celle d'une progressive « ouverture au complexe » : non seulement les continents trop longtemps « oubliés » (l'Asie et l'Afrique notamment) sont peu à peu reconnus ; mais en outre, les auteurs à cheval sur plusieurs aires culturelles ou disciplinaires semblent presque constituer, depuis deux décennies, l'archétype du prix Nobel de littérature : en somme, « c'est dans la mesure de sa capacité à reconnaître et consacrer la complexité, la multiplicité, l'hétérogénéité que le prix Nobel tend à devenir un prix universel ».

Mais l'Europe et le monde du prix Nobel de littérature, ce n'est pas seulement l'Europe et le monde vus par l'« Académie Nobel » : c'est aussi, d'abord et surtout l'Europe et le monde vus par les lauréats du Nobel. Pascal Dethurens, ainsi, nous propose de réfléchir sur l'Europe des Nobels comme « mirage » puis comme « idéal ». Certes, il rappelle que les lauréats du prix sont loin d'être toujours des zélateurs de l'Europe : il cite en particulier les cas « de Cela ([lauréat] en 1989), de Saramago (en 1998) ou de Jelinek (en 2004) », trois auteurs pour le moins sceptiques à l'égard de l'Europe telle qu'elle a pu être conçue et construite institutionnellement (et économiquement) dans les dernières décennies. Mais il n'en demeure pas moins qui, si ces auteurs dénigrent parfois l'Europe telle qu'elle va, c'est au nom d'une Europe meilleure, fantasmée sinon à proprement parler idéale ; et que, si « l'Europe d'Auschwitz n'est pas celle de Sarajevo, [ni] celle de Verdun […] celle de Tchernobyl », les Nobels de l'époque moderne puis post, hyper et épi-moderne[1] sont unis par la conscience de vivre dans une Europe et dans un monde qui n'ont « jamais été aussi fragile[s] ».

On ne saurait d'ailleurs, sans caricature, séparer les écrivains européistes des écrivains « ennemis de l'Europe ». Le cas de Thomas Mann, étudié par Katrin Bedenig, est particulièrement éloquent : d'abord virulemment nationaliste, et partisan, même, de la guerre, Thomas Mann deviendra, dans l'entre-deux-guerres, l'incarnation même d'une ouverture à l'Europe synonyme de trahison aux yeux du nationalisme impérialiste du Troisième Reich. Il n'est que de se rappeler les méditations de Settembrini dans *La*

---

1 Sur la notion d'épi-modernité, on se référera à Emmanuel Bouju, *Épimodernes. Nouvelles « leçons américaines » sur l'actualité du roman*, Québec, Codicille éditeur, 2020.

Montagne magique pour se convaincre que l'Europe du « deuxième Thomas Mann » est celle d'un idéal de progrès moral perpétuel :

> D'après les vues et exposés de Settembrini, deux principes se disputaient le monde : la Force et le Droit, la Tyrannie et la Liberté, la Superstition et la Science, le principe de conservation et le principe du mouvement : le Progrès. On pouvait appeler l'un le principe asiatique, l'autre le principe européen, car l'Europe était le pays de la rébellion, de la critique et de l'activité qui transforme, tandis que le continent oriental incarnait l'immobilité, le repos. On ne pouvait pas du tout se demander laquelle de ces deux puissances finirait par remporter la victoire : c'était sans aucun doute la puissance de la Lumière, du perfectionnement conforme à la raison. Car l'humanité entraînait sans cesse de nouveaux pays dans sa voie rayonnante, elle conquérait toujours de nouvelles terres en Europe même, et déjà elle commençait à pénétrer en Asie[2].

Si l'organisation topico-géographique de cette dichotomie est bien entendu discutable, il n'en demeure pas moins que Thomas Mann devient, avec *La Montagne magique*, le romancier de l'Europe… Et pourtant, comme le rappelle Katrin Bedenig, contrairement à l'usage, c'est pour une seule de ses œuvres que le Nobel lui est remis en 1929, et ce n'est pas pour *Der Zauberberg*, mais pour les *Buddenbrook* – la « faute » aux positions politiques pour le moins tendancieuses du juré Nobel Fredrik Böök.

La Montagne magique est un roman allemand par son auteur, suisse par le cadre de son action (un sanatorium à Davos). Hermann Hesse, lui, est allemand par la naissance, suisse par la résidence. Comme le note Régine Battiston dans sa contribution, le prix Nobel 1946, que les traumatismes de la guerre de 14 ne laisseront jamais en paix, est dans le même temps un chantre de l'Europe unie et un contempteur acharné de l'homme européen dans ce qu'il peut avoir de plus déplaisant – dans la nouvelle « L'Européen », ainsi, il dénonce l'orgueil et le mépris dont fait montre l'Occidental à l'égard des autres civilisations, alors que lui-même n'a su mettre son intelligence qu'au service de son autodestruction. En somme, Hesse appelle l'homme européen a briser le carcan occidental et à fonctionner en symbiose avec les cultures du monde entier.

Un an après Hesse, en 1947 donc, c'est André Gide qui est couronné : un écrivain hautement « irrécupérable » donc, réfractaire à tout embrigadement. Certes, quand Gide reçoit le Nobel, la France se sent honorée à travers lui,

2 Nous citons ici la traduction de Maurice Betz (Paris, Fayard, 1931).

et comme il se doit, dès le jour de l'annonce, le 14 novembre, le président de la république Vincent Auriol envoie un télégramme à l'impétrant : « Permettez-moi de vous adresser avec le témoignage de mon admiration mes très chaleureuses félicitations pour l'illustre distinction qui vous est décernée et qui honore la France[3]. » Mais Gide, comme le montre l'article d'Augustin Voegele, essaie d'échapper à ce rôle d'ambassadeur littéraire de la France. Dans la lettre de remerciements qu'il envoie au comité Nobel, il met l'accent sur « l'indépendance d'esprit qui l'anime[4] », et il ajoute ceci : « [en me choisissant], vous invitez à triompher l'esprit libre et lui offrez, par cette insigne récompense – sans plus tenir compte des frontières et des dissensions momentanées des partis – la chance inespérée d'un rayonnement extraordinaire ». « Sans plus tenir compte des frontières » : n'est-ce pas là un écho très fidèle des volontés de Nobel, qui exigeait qu'on ne tînt pas compte, au moment d'attribuer ses prix, des questions de nationalité ?

Mais il ne suffit pas de ne pas tenir compte des frontières, il faut aussi savoir changer de perspective, de point de vue, décentrer son regard, en posant des questions telles que la suivante : à quoi ressemble l'Europe vue par les prix Nobel non européens – par les lauréats d'Amérique latine, par exemple ? S'arrêtant notamment sur le cas du Mexicain Octavio Paz, Angelica Duran souligne que le prix Nobel récompense de plus en plus souvent des écrivains appartenant à des « espaces transcendés » (pour reprendre la belle expression d'Oliver Kozlarek) : il ne saurait y avoir de cultures que métissées, à telle enseigne que l'Europe, vue ainsi selon une perspective décentrée, deviendrait, plus encore qu'un territoire métissé de l'intérieur, un pôle parmi d'autres dans un système d'échanges et de déplacements transcontinentaux.

Ce qui ne signifie pas que les littératures qui, insitutionnellement, se vivent encore, de nos jours, comme « mineures », acceptent de renoncer à la perspective nationale. Mihaela Ursa, ainsi, se fondant sur les réactions enthousiastes d'une partie de la presse roumaine à l'attribution d'un pseudo « Nobel de philologie » au critique Eugen Simion, souligne à quel

3 Voir le n° 156 (octobre 2007) du *Bulletin des Amis d'André Gide*, p. 538.
4 On pourra consulter le texte de cette lettre de remerciements dans le deuxième volume de la correspondance André Gide-Roger Martin du Gard (Paris, Gallimard, 1968, p. 556).

point la reconnaissance de la littérature du pays (et si possible écrite dans la langue du pays – car la Roumanie est riche en écrivains allophones, de Panaït Istrati à Eugène Ionesco en passant par Herta Müller) par un prix Nobel est aujourd'hui encore attendue par tout le pays – alors même que, d'après les statistiques, la pratique de la lecture y semble, comme partout ailleurs, sur le déclin. En d'autres termes, la littérature reste une valeur symbolique, ou plus exactement le lieu où se concentre le capital culturel de ce qui demeure incontestablement une *nation* à part entière.

Reste la question du prix Nobel de littérature comme entité sociologique : en tant qu'institution littéraire, le prix Nobel fait en effet de la littérature un objet sociologique (et économique par la même occasion). Clara Lévy, ainsi, s'interroge sur ce que le Nobel a fait à (et de) Patrick Modiano en tant qu'il est un acteur du champ littéraire. S'intéressant au double « effet Nobel », dans le pays d'origine du lauréat (augmentation massive des ventes) et à l'étranger (intensification des traductions, augmentation des ventes, et surtout reconnaissance nouvelle, du moins pour les récipiendaires qui n'étaient pas encore internationalement célèbres avant le prix), elle souligne que le Nobel a renforcé la position de Patrick Modiano « à l'articulation entre champ de diffusion restreinte » (entendu ici, bien entendu, sur un plan strictement symbolique, la diffusion des livres de Modiano n'étant plus en aucune façon « restreinte ») et « champ de grande production ». Modiano, grâce au Nobel, devient une « vedette » de l'édition européenne et mondiale, sans pour autant perdre sa légitimité d'écrivain « discret »…

En somme, c'est la « légitimité » littéraire de certains lauréats qui est parfois remise en question : cela a tout particulièrement été le cas pour Bob Dylan, dont d'une part la production ne relève pas du champ littéraire au sens étroit du terme, et qui d'autre part a pu parfois être accusé de plagiat – mais où se situe la frontière entre intertextualité et plagiat ? Or, pour légitimer la figure du *songwriter* américain, Horace Engdahl, alors secrétaire perpétuel de l'Académie suédoise, a, comme le rappelle Roger Marmus dans son étude, mobilisé plusieurs précédents européens, du rhapsode homérique à l'« Anacréon suédois » Carl Michael Bellman en passant par le barde celte et le troubadour. Bref, en l'occurrence, il semblerait que l'antique tradition européenne soit le seul gage de légitimité pour les audaces disciplinaires et culturelles de l'Académie suédoise.

Autre question sociologique « transatlantique » : quel(s) rapport(s) entre le prix Nobel, récompense européenne (du moins par le lieu de son attribution) et littéraire, et les Oscars, institution cinématographique nord-américaine ? *A priori* aucun ou presque, les prix Nobel de littérature oscarisés n'étant qu'au nombre de deux : George Bernard Shaw et Bob Dylan. Toutefois, comme le souligne Doru Pop, les deux institutions sont créatrices de *capital culturel*, et c'est par là qu'elles contribuent, chacune à sa façon, à *enrichir*, quelles que soient d'ailleurs les œuvres qu'elles récompensent, l'espace national/continental (Suède et Europe pour le Nobel, États-Unis et Amérique du Nord pour les Oscars) qu'elles érigent en juge des valeurs esthétiques et artistiques mondiales.

Bref, ce qui constitue l'épine dorsale de ce volume, c'est la question des valeurs qui d'une part président au choix des lauréats, et d'autre part fondent, du point de vue de l'économie de la culture (le mot *économie* étant à prendre dans son sens propre aussi bien que dans un sens figuré), la légitimité du prix Nobel de littérature en tant qu'institution prétendant définir des ordres et des hiérarchies – lesquelles valeurs nous semblent intimement liées à celles qui structurent un idéal européiste qui certes a peu à peu perdu de son influence au fil des décennies, mais qui, sous une forme géographiquement élargie, nous semble demeurer bien vivant aujourd'hui dans les discours officiels comme dans les rumeurs médiatiques qui environnent chaque année l'attribution du prix.

Nous voudrions terminer en remerciant les partenaires de l'Institut de recherche en Langues et Littératures Européennes, sans qui ce volume n'aurait pu paraître : NovaTris, Centre de Compétences transfrontalières ; la CASDEN ; la Ville de Mulhouse ; Mulhouse Alsace Agglomération ; et enfin la Région Grand Est.

Bibliographie

Bouju, Emmanuel, *Épimodernes. Nouvelles « leçons américaines » sur l'actualité du roman*, Québec, Codicille éditeur, 2020.

Gide, André et Martin du Gard, Roger, *Correspondance*, Paris, Gallimard, 1968.

Mann, Thomas, *La Montagne magique* [*Der Zauberberg*, 1924], traduit de l'allemand par Maurice Betz, Paris, Fayard, 1931.

Bulletin des Amis d'André Gide, n° 156, octobre 2007.

Jean-François Battail

Alfred Nobel : les volontés d'un citoyen du monde – et ce qui en est advenu

Résumé : Cet article évoque la riche personnalité d'Alfred Nobel, ses activités multiples et l'esprit dans lequel il a conçu son testament. Il propose aussi quelques réflexions sur la manière dont les différents comités Nobel ont interprété les intentions du donateur pour décerner les cinq prix prévus : physique, chimie, physiologie ou médecine, paix et littérature. Ce dernier prix, en particulier, doit récompenser chaque année un écrivain « de tendance idéaliste » : une formule bien vague, dont l'interprétation a évolué constamment de 1901 à 2020.

Mots-clés : Alfred Nobel, héritage, testament, Europe, prix Nobel.

Abstract : This article evokes the rich personality of Alfred Nobel, his multiple activities and the spirit in which he conceived his will. It also offers some reflections on how the various Nobel committees interpreted the donor's intentions in awarding the five planned prizes: Physics, Chemistry, Physiology or Medicine, Peace and Literature. The latter prize, in particular, should reward each year a writer « with an idealistic tendency » : a very vague definition, whose interpretation has constantly evolved from 1901 to 2020.

Keywords : Alfred Nobel, heritage, will, Europe, Nobel Prize.

À la fin de sa vie, Alfred Nobel (1833–1896) avait à son actif 355 brevets. On a pu dire, non sans raison, que l'instauration des prix qui portent son nom constituait sa 356e et plus belle invention, celle en tout cas qui a le plus contribué à sa renommée. En tant qu'innovateur, il était plein d'idées parfois utopiques, et comme tous les visionnaires, il lui arrivait de s'égarer dans des voies sans issue. Comme il le disait lui-même : « Si j'ai 300 idées par an et que l'une d'entre elles est utilisable, je suis satisfait »… Certains de ses brevets peuvent faire sourire aujourd'hui. D'autres au contraire, y compris en dehors du domaine des explosifs, sont l'œuvre d'un pionnier qui se situe à la pointe des avancées technologiques de son temps. Mais au total, ce sont avant tout quatre inventions majeures qui lui ont permis d'accumuler une immense fortune en tant qu'industriel : en 1865, une capsule détonante qui était une innovation décisive, en 1866–1867 la dynamite, en 1875 la gomme explosive ou dynamite extra-Nobel et en 1887 la balistite, une poudre sans fumée. La clé de son succès résidait sans doute dans la combinaison de deux éléments qu'on trouve rarement réunis chez un même homme, une forte imagination créatrice et la rigueur sans faille d'un gestionnaire qui assurait le contrôle de son empire industriel à tous les niveaux. À la fin de sa vie, il était à la tête de 93 usines dans plus de 20 pays sur tous les continents, et sa fortune s'élevait à 33 millions de couronnes suédoises – à titre de comparaison, un ouvrier suédois gagnait alors autour de 900 couronnes par an, et un paysan beaucoup moins[1].

Nobel avait connu une enfance pauvre à Stockholm jusqu'à l'âge de neuf ans puis avait passé ses années de jeunesse à Saint-Pétersbourg, où son père, qui avait fait faillite en Suède, avait relancé avec succès ses activités industrielles. C'est dans la capitale russe, grande ville cosmopolite, qu'il avait reçu une éducation soignée, tant scientifique que littéraire, à l'aide de précepteurs privés hautement compétents. Outre le suédois et le russe, il maîtrisait parfaitement le français, l'anglais et l'allemand. Lorsqu'il s'était lancé à la conquête du monde avec ses explosifs, cette connaissance des langues avait été un atout précieux. Au fil du temps, il allait acquérir des résidences dans plusieurs pays et multiplier les voyages, passant beaucoup de temps dans les trains, qu'il qualifiait de « prisons roulantes ». Son ami Victor Hugo disait de lui qu'il était « le vagabond le plus riche d'Europe ». Grand travailleur, Nobel dormait peu, et s'il affectionnait avant tout les recherches en laboratoire, il était omniprésent au sein de ses entreprises. Il gérait lui-même la correspondance d'affaires, la comptabilité et la promotion de ses produits, dont il faisait la démonstration. Malgré ces activités débordantes, il trouvait le temps de lire beaucoup, de s'essayer à la littérature dans différents genres et de se livrer à des réflexions philosophiques dont les fragments qu'il a laissés et sa correspondance privée portent la trace. « Un solitaire sans livres et sans encre est déjà un mort vivant »,

---

1 Pour une présentation plus détaillée du sujet, et pour le détail des références bibliographiques, voir Jean-François Battail, *Alfred Nobel, inconnu célèbre. Regards sur sa vie, son œuvre et sa postérité*, Paris, Sorbonne Université Presses, 2018.

déclarait-il, et lui qui souffrait de maux d'estomac affirmait qu'il digérait la philosophie plus facilement que la nourriture. Si la fortune accumulée constitue le substrat des prix Nobel, l'esprit qui les anime est à chercher dans la riche vie intérieure de celui qui les a créés.

Pour ce célibataire sans enfants, la question se posait de ce qu'il adviendrait de ses biens après sa mort. Il avait été témoin dans sa propre famille de la cupidité d'héritiers se déchirant, notamment lors du décès de son frère aîné Ludvig en 1888, et il en avait conçu une profonde aversion pour la transmission patrimoniale – selon lui une « invention du diable » qui favorise les oisifs et les incapables. À un stade précoce, il a donc envisagé de mettre sa fortune au service d'une grande cause. L'élaboration de son testament s'est faite par étapes. Outre une première mouture qui ne nous est pas parvenue, nous en connaissons deux versions successives. Dans celle datée de 1893, quelque 20 % de ses avoirs restent encore réservés à des personnes privées. Mais dans la version définitive du 27 novembre 1895, cette proportion s'est réduite comme une peau de chagrin. Parents, amis, collaborateurs et serviteurs (six neveux et nièces ainsi que quatorze autres personnes) se partagent quelque 1 500 000 couronnes, ce qui certes n'est pas négligeable, mais ce ne sont que des miettes en regard de la dotation des prix qui portent son nom : quelque 31 500 000 couronnes, soit 94 % du total.

Alfred Nobel mourut à San Remo le 10 décembre 1896. Quand le contenu du testament fut divulgué dans la presse début 1897, les réactions furent mitigées. On imagine la colère et la frustration des héritiers présomptifs qui voyaient cette fortune leur échapper. En Suède, certains s'indignèrent que les prix voulus par Nobel puissent être attribués sans considération de nationalité alors que cette manne aurait été si utile pour soutenir des projets au sein même du pays. Dans la presse se développa une campagne de dénigrement à laquelle s'associa Oscar II, roi de Suède et de Norvège. En cette fin de siècle marquée par la montée des nationalismes en Europe et par la détérioration des rapports entre les royaumes unis de Suède et de Norvège, Nobel apparaissait aux yeux de certains comme un mauvais patriote et un visionnaire égaré. Cependant, d'autres voix s'élevaient, notamment dans les deux grands quotidiens suédois[2], pour rendre

2 *Svenska Dagbladet* et *Dagens Nyheter. Le Figaro* se montra aussi très positif.

hommage au généreux donateur et à sa volonté de mettre sa fortune au service des progrès de l'humanité.

Bref, le testament de Nobel s'avérait aussi explosif que sa dynamite, mais tout restait en suspens tant que la question de l'application concrète des volontés du défunt n'était pas résolue. Les lacunes et les obscurités ne manquaient pas dans ce bref document rédigé en suédois et attesté dans les locaux du Cercle suédo-norvégien à Paris. Nobel n'aimait pas les juristes, qu'il qualifiait volontiers de « parasites épris de formalisme ». Non seulement il n'en avait consulté aucun, mais encore avait-il désigné comme exécuteurs testamentaires deux ingénieurs dépourvus de toute formation juridique. À l'un d'entre eux, le jeune Ragnar Sohlman (âgé de 25 ans en 1895), il avait confié ceci : « Souvenez-vous toujours que le terme russe pour "exécuteur testamentaire" signifie "représentant de l'âme". Essayez d'agir en conséquence. » Ce désir d'être compris intuitivement fut largement exaucé, car Sohlman, avec un dévouement et une pugnacité hors du commun, parvint à contourner les obstacles, à éviter les écueils et à désamorcer les contestations en tous genres pour faire triompher les volontés de Nobel, et ce au prix d'un combat de plusieurs années[3].

D'abord se posait la question du lieu où devait s'effectuer la liquidation de l'héritage de Nobel. Était-ce la domiciliation du défunt, ou sa nationalité, qui devait être prise en compte ? Il avait longtemps résidé à Paris, mais possédait aussi des propriétés en Allemagne, en Écosse, et à la fin de sa vie en Suède ainsi qu'en Italie – il mourut dans sa villa de San Remo. Et s'il avait beaucoup voyagé du fait de ses activités industrielles, il avait toujours conservé sa nationalité suédoise. De manière assez rocambolesque, Sohlman parvint à rapatrier en Suède la fortune de ce nomade insaisissable pour la soustraire aux convoitises du fisc français. Autre faiblesse du testament : il ne désignait pas de légataire ou de personne juridique apte à recueillir la fortune du défunt. Il importait donc de créer un fonds et de décider de la manière dont il serait organisé ; il fallut attendre le 29 juin 1900 pour que cette structure soit mise en place avec la création de la Fondation Nobel, non gouvernementale. Un dernier problème tenait au fait que Nobel avait désigné les différentes institutions censées délivrer

3 Voir Ragnar Sohlman, *L'Héritage d'Alfred Nobel : le testament à l'origine des prix*, traduction de Guy de Faramond, Paris, Michel de Maule, 2008.

les prix sans se soucier de recueillir leur assentiment. Qu'une seule d'entre elles refusât et le projet global risquait d'achopper. De fait, l'Académie suédoise (littérature) et l'Académie royale des sciences de Suède (physique et chimie) hésitèrent beaucoup et n'acceptèrent la mission qui leur était confiée qu'après de longues discussions. Seul le Parlement norvégien (paix) se montra réceptif d'emblée ; à l'heure où la rupture de l'union avec la Suède paraissait inévitable, les Norvégiens comprirent le prestige symbolique qu'ils pouvaient tirer de l'honneur qui leur était fait.

À bien des égards, le testament de Nobel peut être interprété comme une tentative de justification aux yeux de la postérité. Il avait souffert de nombreuses injustices et avait souvent été calomnié. Il avait été traité de marchand de mort, d'assassin de masse et autres qualificatifs peu flatteurs. En 1888, on avait annoncé son décès alors qu'il s'agissait de son frère Ludvig, et certains commentaires dans la presse avaient dû le faire frémir, ainsi cette annonce du *Figaro* : « Un homme qu'on pourrait difficilement tenir pour un bienfaiteur de l'humanité est mort hier à Cannes. » L'erreur sur la personne allait être rapidement rectifiée, mais le mal était fait. Alfred Nobel se devait de révéler au monde son vrai visage, celui d'un pacifiste, internationaliste, ami des sciences et soucieux de progrès, tant moral que matériel. Son testament peut être aussi interprété comme une quête d'identité personnelle de la part d'un homme tourmenté, en proie à de nombreuses tensions et contradictions. Dans un beau poème en anglais qu'il avait écrit à 18 ans à la suite d'un chagrin d'amour, il se présentait déjà lui-même comme une énigme, et au fil des années, ce sentiment n'allait jamais l'abandonner. Il était devenu riche, il avait plus que quiconque contribué à remodeler la planète, mais il restait profondément solitaire, en dépit des nombreux contacts induits par ses activités industrielles. En cette époque de mouvement, d'immenses possibilités s'ouvraient pour un entrepreneur de son envergure, au prix cependant d'une perte de repères. En dépit de sa fortune et de son vaste réseau professionnel, cet éternel nomade n'était intégré dans aucun groupe social. Inapte au bonheur, malheureux en amour, le laboratoire était son refuge. « Ma patrie est là où je travaille, et je travaille partout », disait-il. Entre autres maux, il souffrait par périodes de dépression et présentait clairement des tendances autodestructrices. Ainsi, lorsque son frère Ludvig lui avait demandé en 1887 de lui fournir quelques éléments biographiques, il avait fait état dans sa réponse laconique d'une « misérable demi-existence », ajoutant qu'il « aurait dû être étouffé par un médecin ami des hommes » lorsqu'il était venu au monde ! À bien des égards, Nobel est l'homme des paradoxes : introverti et rebelle, réaliste et visionnaire, fabricant d'armes et pacifiste convaincu, misanthrope et pourtant optimiste du progrès, social-démocrate déclaré tout en étant opposé au suffrage universel… En exprimant ses volontés, Nobel aspirait sans doute à mettre de l'ordre en lui-même et à parvenir à une certaine sérénité en apaisant ses tensions intérieures.

Nobel avait donc stipulé que sa fortune servirait à financer cinq prix, dotés à parts égales, pour récompenser ceux qui « dans l'année écoulée auraient rendu les plus grands services à l'humanité ». Une même vision humaniste les relie. Tous lui tenaient également à cœur : la physique et surtout la chimie qui touchaient à sa profession, la physiologie et la médecine dans lesquelles il plaçait de grands espoirs et qui avaient suscité des recherches de sa part, la cause de la paix qui avait beaucoup sollicité sa réflexion, surtout à la fin de sa vie et sous l'influence de sa grande amie Bertha von Suttner, et enfin la littérature – non prévue dans le premier testament mais qui n'en était pas moins une des grandes passions de Nobel, tant comme lecteur que comme auteur. Les prix tels qu'ils étaient conçus se démarquaient de ceux qu'on avait connus jusqu'alors, et pas seulement par l'importance des sommes promises aux lauréats. Ils devaient récompenser des personnes, non des institutions, et celles-ci devaient être les plus qualifiées, hors de toute considération de sexe ou de nationalité.

Quand l'institution des prix se mit en place avec la création de la Fondation Nobel en 1900, les comités respectifs chargés de la sélection purent se mettre au travail, mais tout ou presque restait à inventer. Le credo humaniste d'Alfred Nobel était exprimé dans des termes assez vagues. Il devait faire office de feuille de route mais sans précisions sur les modalités concrètes. Aussi se posèrent de délicats problèmes d'exégèse et la nécessité s'imposa de définir des critères de sélection. D'emblée eurent lieu des discussions portant sur la lettre et l'esprit du testament, et de tels débats se sont poursuivis sans relâche jusqu'à nos jours dans des contextes sans cesse renouvelés. On n'en connaît la teneur que partiellement, et avec retard, puisque les archives Nobel restent secrètes pendant cinquante ans, mais une chose est certaine : l'histoire plus que centenaire des prix Nobel n'a pas été un long fleuve tranquille ! Dans les lignes qui suivent, on évoquera quelques-uns des dilemmes qui se sont posés aux divers comités, et comment ils se sont efforcés d'y répondre.

À l'époque de Nobel, la science joue un rôle productif croissant dans le processus d'industrialisation et l'homme semble en passe de réaliser le vieux rêve de se rendre maître et possesseur de la nature (pour reprendre les termes de Descartes). En outre, la science revêt également une dimension idéologique : pour beaucoup, le progrès se mesure à l'aune de la Science (avec une majuscule). Les grandes expositions universelles qui se succèdent sur tous les continents constituent autant de célébrations de la marche en avant des connaissances scientifiques et des savoirs techniques, et le grand public y est associé. L'idée d'évolution est omniprésente dans l'esprit du temps. Nobel connaissait bien le positivisme d'Auguste Comte et les interprètes de l'évolutionnisme comme Herbert Spencer, alors très influent. Enfant de son temps, il adhérait largement à cette vision du monde qui revitalisait l'esprit des Lumières à l'âge industriel.

Dans les années 1860, alors que Nobel mettait au point les explosifs qui ont fait sa fortune, le positivisme faisait figure de paradigme dominant, mais au moment où il rédigeait son testament, en 1895, cet enthousiasme était retombé. Cette année-là, Ferdinand Brunetière sonnait la charge dans un article intitulé « Après une visite au Vatican » ; à l'aide de divers arguments, il y dénonçait la faillite de la science. La formule allait connaître un grand succès. Elle était le symptôme d'un malaise, d'une inquiétude sous-jacente. La fin du siècle était marquée par les discours de la décadence. En littérature aussi, le symbolisme et l'exploration des zones d'ombre avaient succédé au réalisme et au naturalisme.

Nobel était témoin de ce malaise mais il n'était pas homme à jeter le bébé avec l'eau du bain. Lui-même s'était illustré dans le domaine de la technologie chimique et il était logique qu'il voulût récompenser les représentants les plus brillants de sa discipline. Même chose en ce qui concerne la physiologie et la médecine, domaines dans lesquels il avait effectué des recherches, notamment sur les substances anesthésiantes. Il avait même été sur la piste de la transfusion sanguine – de l'« infusion de sang », comme il disait ; cependant, cette idée prémonitoire n'allait se réaliser que plus tard avec la découverte des groupes sanguins par l'Autrichien Karl Landsteiner en 1909 (couronné à ce titre du prix Nobel de physiologie ou médecine en 1930). La physique était plus éloignée des pratiques de Nobel. Ses recherches avaient été d'orientation empiriste, elles ne ressortissaient pas à la recherche fondamentale, mais il avait le plus grand respect pour les pionniers du savoir. Parmi les nombreuses distinctions qu'il avait reçues, les seules auxquelles il attachait de l'importance étaient d'ordre scientifique : un doctorat *honoris causa* à l'Université d'Uppsala en 1893 et surtout peut-être son élection à l'Académie royale suédoise des sciences en 1885.

C'est cette même Académie qui après bien des hésitations avait accepté de se charger des prix de physique et de chimie, selon la volonté de Nobel ; les premiers furent décernés en 1901. Des problèmes d'interprétation se posèrent très vite. Il y avait d'abord, comme pour tous les autres prix, cette stipulation que seraient récompensées les personnes ayant rendu les plus grands services à l'humanité « au cours de l'année écoulée ». Une telle limitation temporelle était évidemment irréfléchie quel que fût le domaine considéré et plus encore en matière de science, où seule l'épreuve du temps permet de s'assurer de la validité d'une théorie ou de la qualité d'une innovation. Il fallait donc passer outre. Il arriva cependant que les comités responsables commettent des imprudences en se montrant un peu trop pressés. Un exemple classique est celui du médecin danois Johannes Fibiger, lauréat du prix de physiologie ou médecine en 1926 pour ses travaux sur une forme de cancer, le carcinome spiroptère, dont il attribuait la cause à des vers parasites, alors que ceux-ci furent innocentés quand des recherches plus avancées ruinèrent cette hypothèse et apportèrent d'autres explications à cette pathologie.

Mais il y avait plus grave en matière d'interprétation du testament. Nobel avait souhaité que soit récompensée « la découverte ou invention la plus importante » en physique, et « la découverte ou amélioration la plus importante » en chimie. Sur quoi fallait-il mettre l'accent ? Le concept de découverte renvoyait à la science théorique, ceux d'invention et d'amélioration à des applications pratiques. Celles-ci étaient peut-être les plus aptes « à rendre des services à l'humanité » dans l'immédiat, mais à plus long terme, qui pouvait présager de ce que réservaient les avancées théoriques ? L'exemple du premier prix Nobel de physique est éclairant. Quand Röntgen fut couronné en 1901 pour la découverte des rayons X, ses travaux ressortissaient à la physique théorique (recherches sur les rayons cathodiques), mais par la suite ils eurent l'immense champ d'applications que l'on sait.

De fait, les premiers prix Nobel scientifiques récompensèrent presque exclusivement des théoriciens, d'où la frustration des inventeurs et ingénieurs, qui se sentaient discriminés. L'un des plus illustres d'entre eux, Thomas Edison, aurait, disait-il, refusé d'être couronné au cas où il aurait été choisi, pour protester contre les critères de sélection du comité. Si l'on excepte l'Italien Marconi, physicien mais aussi inventeur et homme d'affaires, primé en 1909, il fallut attendre 1912 pour qu'un pur ingénieur reçoive cette récompense : Gustaf Dalén, célèbre pour avoir mis au point une valve solaire permettant l'autorégulation des phares grâce à un capteur de luminosité. Cette polarisation au sein de la profession fut longtemps une source de tensions.

Autre sujet de discussion : la définition et la délimitation des différentes disciplines concernées. La physique et la chimie ne sont pas des entités closes, il existe entre elles des frontières poreuses, de même qu'entre la chimie et la biologie. Le premier prix Nobel scientifique décerné à un Suédois fut attribué en 1903 à Svante Arrhenius au titre de la chimie alors qu'il s'était tout autant illustré en physique. Autre lauréat du prix de chimie, cette fois en 1908, Ernest Rutherford était en fait un des pionniers de la théorie atomique moderne au même titre que les époux Curie ; pur physicien, il fut lui-même surpris de l'intitulé de son prix. L'histoire des sciences montre que beaucoup d'innovations essentielles se sont faites grâce à des rapprochements entre des domaines jusque-là séparés, mais les aventuriers du savoir opérant dans un esprit pluridisciplinaire risquaient malgré tout d'être évincés au profit de candidats plus orthodoxes. Du fait de l'organisation universitaire, où règne la division du travail, différents instituts se sont constitués sur des bases disciplinaires en concurrence avec d'autres : dans le champ de la recherche, les ressources disponibles ne sont pas illimitées. Nobel, qui avait travaillé hors du monde académique, n'avait pas connu cette situation ; il avait toujours été maître du jeu et n'avait eu de comptes à rendre à personne. Au sein de l'Académie suédoise des sciences, la situation était tout autre au début du XXe siècle. Différentes fractions rivales luttaient pour faire triompher leur point de vue. L'histoire des prix Nobel doit donc tenir compte de facteurs sociologiques tels que le rapport de forces entre différents groupes, évoluant sans cesse, et de présupposés extra-scientifiques qui ont pu jouer un rôle dans le processus de sélection. Il va sans dire que les préférences des juges dépendent de leur propre orientation ; et même si de larges consultations sont faites auprès d'experts extérieurs, les comités suédois ont pesé d'un grand poids dans la constitution du palmarès[4].

Quoi qu'il en soit, le bilan paraît remarquable, car pendant plus d'un siècle l'Académie des sciences a su rendre justice aux forces vives opérant dans les domaines de la physique et de la chimie, même si cela s'est parfois fait tardivement. Ainsi, Niels Bohr n'a reçu le prix de physique qu'en 1921 alors que ses travaux révolutionnaires sur l'atome dataient de 1913. L'année suivante, c'était au tour d'Albert Einstein d'être enfin couronné. Sa théorie de la relativité avait été formulée dès 1905 (et celle de la relativité générale en 1916). Bien que le nom d'Einstein eût été proposé à maintes reprises par des savants européens, le comité Nobel s'était longtemps montré réticent, estimant qu'il manquait des preuves expérimentales à ce qui apparaissait comme une pure théorie. Mais les choses avaient changé quand le comité avait accueilli en son sein Carl Wilhelm Oseen, lui-même spécialiste de physique théorique, qui avait fait pencher la balance en faveur de Bohr et d'Einstein. Si ce dernier a été reconnu tardivement, et sans que sa théorie de la relativité soit explicitement mentionnée, il a par ailleurs joué un rôle important dans l'histoire du prix de physique en tant qu'auteur de propositions. Avant même d'être lui-même distingué, il avait recommandé Max Planck, qui fut couronné en 1918, et par la suite, auréolé de son prestige, il ne cessa de peser dans les choix de l'Académie.

Parmi les lauréats qu'Einstein avait contribué à distinguer figuraient quelques-uns des concepteurs de l'arme atomique. Dans un discours tenu à Stockholm en 1945, peu de temps après le bombardement d'Hiroshima et de Nagasaki, le célèbre physicien évoquait le dilemme auquel avaient été confrontés les scientifiques de sa génération dans un contexte de guerre, et il faisait un parallèle avec la situation qu'avait connue Alfred Nobel. Tout pacifiste qu'il était, celui-ci avait mis au point des moyens de destruction massive, et la création du prix de la paix aurait été une sorte de compensation. Rien cependant dans la correspondance de Nobel ne vient corroborer cette hypothèse. Il croyait fermement à la neutralité de la science et de la

---

4 Voir Elisabeth Crawford, *La Fondation des prix Nobel scientifiques 1901–1915*, traduction de Nicole Dhombres, Paris, Belin, 1988 ; et, sur le rôle de l'Académie suédoise des sciences, Robert Marc Friedman, *The Politics of Excellence : behind the Nobel Prize in Science*, New York, Freeman and Co, 2002.

technique, dédouanant de ce fait théoriciens et inventeurs, qui ne pouvaient être tenus responsables des abus possibles, ceux-ci étant imputables à la folie des hommes et à la volonté de puissance de quelques-uns. S'il avait vécu plus longtemps, peut-être aurait-il porté un autre regard sur l'ambivalence de la science. Comme exemple, on peut citer le cas de l'Allemand Fritz Haber, qui avait réalisé la synthèse de l'ammoniac à partir de l'azote et reçut à ce titre le prix Nobel de chimie en 1918. Cette avancée scientifique permettait de fabriquer à grande échelle des engrais artificiels et de contribuer ainsi à la subsistance de millions d'individus. En un sens, il aurait pu être éligible au prix de la paix en tant que bienfaiteur de l'humanité. Mais il fut aussi l'initiateur de la guerre chimique en mettant au point des gaz de combat et le tristement célèbre Zyklon-B, utilisé par la suite dans les chambres à gaz nazies. Haber, qui était d'origine juive, fut lui-même contraint à l'exil en 1933 et mourut l'année suivante.

Contrairement à ce qu'on a parfois prétendu, Nobel n'a pas attendu la fin de sa vie pour se rallier à la cause pacifiste. Dès sa jeunesse, notamment sous l'influence de Shelley et de Tolstoï, il avait manifesté son aversion pour la guerre, « horreur des horreurs et le plus grand des crimes ». Mais il est vrai qu'en matière de paix, sa pensée a évolué à l'approche de la mort ; les échanges qu'il a eus sur ce sujet avec son amie et inspiratrice Bertha von Suttner – « cette amazone qui vaillamment fait la guerre à la guerre » – n'y sont pas étrangers. Certes, il est paradoxal qu'un fabricant d'armes se soit fait le champion de la paix, mais à ses yeux, mettre bas les armes n'était pas la solution miracle pour assurer celle-ci. Il fallait aussi s'attaquer à d'autres fléaux tels que l'ignorance, les iniquités, les préjugés en tous genres. Il pensait même que le pouvoir dissuasif de ses inventions y contribuerait. Nobel croyait en ce qu'on appellera plus tard l'équilibre de la terreur. « Je veux créer une matière ou une machine capable de déchaîner une force terrible, capable de tout anéantir, afin de rendre la guerre impossible », confiait-il à Bertha von Suttner dans une lettre de 1890. Et on lui doit aussi cette formule : « Qu'une épée de Damoclès soit suspendue au-dessus de toutes les têtes et le miracle se produira[5]. »

5 Voir Edelgard Biedermann, *Correspondance entre Alfred Nobel et Bertha von Suttner*, Levallois-Perret, Turquoise éditions, 2015.

C'est donc au parlement norvégien, le Storting, que Nobel avait confié la tâche de récompenser, selon ses propres termes, les « champions de la paix » (« fredsförfäktare »). Il ne s'est pas expliqué sur le choix de la Norvège, mais ses raisons sont faciles à deviner. Ce royaume scandinave alors uni à la Suède se montrait très actif sur la scène internationale pour promouvoir l'arbitrage et la résolution pacifique des conflits. Le processus de démocratisation y était plus avancé que dans la plupart des pays d'Europe. Et Nobel admirait Bjørnson, apôtre de la paix, qui par la suite allait recevoir le prix de littérature (1903). Le Storting avait accepté cet honneur dès avril 1897. Un comité de cinq personnes ayant pouvoir de décision serait chargé de désigner le ou les lauréat(s) à la lumière de trois objectifs explicitement mentionnés dans le testament : la « fraternisation des peuples », la « suppression ou la réduction des armées permanentes », et la « réunion et la propagation des congrès pour la paix ». À noter que contrairement aux autres prix qui récompensent uniquement des individus, celui dévolu à la paix allait par la suite être également attribué à des organisations ou des associations.

Nobel avait donc fourni aux Norvégiens des directives un peu plus précises que pour les comités suédois. Au cours des premières décennies, les pionniers du pacifisme et les artisans de la détente internationale furent largement récompensés, à commencer par Frédéric Passy, premier lauréat en 1901 conjointement avec Henri Dunant, le fondateur de la Croix-Rouge ; au cours de toute son existence, Passy s'était illustré par son combat pour « museler le monstre de la guerre ». Et Nobel dut se réjouir dans sa tombe quand Bertha von Suttner fut à son tour primée en 1905. Dans l'entre-deux-guerres furent récompensés de nombreux représentants de la Société des Nations, qui avait suscité de grands espoirs avant de montrer ses limites. Les pays neutres furent logiquement mis à l'honneur avec la désignation du Suédois Hjalmar Branting en 1921 et l'année suivante du Norvégien Fridtjof Nansen, lequel, à l'issue de la Première Guerre mondiale, avait accompli un travail humanitaire d'une ampleur presque inimaginable. Puis l'Organisation des Nations Unies fut à son tour créditée d'un fort capital symbolique. En 1961 fut couronné (à titre posthume) le secrétaire général de cette organisation, lui aussi représentant d'un pays neutre, le Suédois Dag Hammarskjöld.

Par la suite s'opéra une plus grande diversification des choix à mesure que le monde se transformait et qu'il fallait répondre à de nouveaux défis, avec des approches élargies du concept de paix. En 1964, la défense des droits de l'homme fut honorée avec Martin Luther King, en 1979 le combat contre la pauvreté avec Mère Teresa, en 2007 la préservation de l'environnement avec Al Gore – pour ne prendre que ces exemples. Les lauréats venaient d'horizons de plus en plus divers et, quelles que fussent la légitimité et l'importance de leur engagement, beaucoup d'entre eux ne répondaient qu'imparfaitement aux critères assez restrictifs formulés par Nobel. Un avocat norvégien, pacifiste convaincu, s'est récemment insurgé contre ce qu'il considère comme des dérives ; pour des raisons juridiques et morales, il serait grand temps selon lui de revenir à la lettre du testament[6]. Un point de vue à prendre en considération, mais qui peut être discuté et à tout le moins nuancé. Après tout, Alfred Nobel lui-même, dans ses échanges avec Bertha von Suttner, faisait valoir que le désarmement n'était pas la panacée pour promouvoir la paix mais qu'il fallait aussi lutter contre d'autres maux, à commencer par la pauvreté.

De fait, des critiques en tous genres n'ont cessé d'être adressées au comité Nobel de Norvège. C'est dans la nature des choses, le prix de la paix étant le plus politique de tous et le plus dépendant de la conjoncture internationale. Pendant les deux guerres mondiales, il fut pratiquement gelé, seule la Croix-Rouge étant distinguée (en 1917 et 1944). La Norvège a eu parfois à pâtir de choix jugés provocateurs par divers régimes. En 1936, la nomination de Carl von Ossietsky, traître aux yeux des nazis pour avoir fait des révélations sur le réarmement de l'Allemagne, provoqua la fureur d'Hitler ; celle de Linus Pauling en 1936, soupçonné de communisme dans sa patrie, provoqua un froid dans les relations diplomatiques entre la Norvège et les États-Unis ; plus près de nous, celle du dissident Liu Xiaobo entraîna une dégradation des liens avec la Chine – bien que le gouvernement norvégien ne fût nullement impliqué dans ces choix, les décisions étant le fait du seul comité Nobel. Celui-ci s'est vu parfois reprocher ses oublis, le plus flagrant étant celui de Gandhi, proposé cinq fois entre 1937 et 1947 mais jamais couronné. Plus souvent, il a été accusé d'avoir

---

6 Voir Fredrik S. Heffermehl, *The Nobel Peace Prize : what Nobel Really Wanted*, Santa Barbara, Praeger, 2010.

récompensé des faucons, à commencer par un des premiers lauréats, Theodor Roosevelt (1906), qui certes avait été médiateur dans la guerre russo-japonaise au début du XXe siècle, mais qui avait également mis en œuvre la politique du « big stick » en Amérique latine. D'autres exemples plus récents ont provoqué de vives réactions dans la presse internationale. Certaines nominations s'apparentent à des paris sur l'avenir, comme celle en 2009 de Barack Obama, alors à la tête d'un pays en guerre sur plusieurs fronts, mais dont on pouvait espérer qu'il se révèlerait « champion de la paix » (pour reprendre la formulation de Nobel). Tel ou tel choix s'est révélé discutable après coup, mais nul ne peut prédire l'avenir. Le comité n'est pas non plus responsable des bizarreries et incongruités qu'on peut relever parmi les nombreuses propositions qu'il reçoit chaque année. Les noms de Mussolini et de Staline ont été avancés le plus sérieusement du monde, celui d'Adolf Hitler également, mais sur le mode sarcastique. En 1939, certains parlementaires militaient en faveur de Neville Chamberlain, négociateur des accords de Munich – une pure capitulation aux yeux du député social-démocrate suédois Erik Brandt ; à ce prix, autant proposer carrément Hitler ! Ce genre d'humour au second degré ne fut pas du goût de tout le monde, et Brandt dut retirer très vite sa proposition.

Un coup d'œil rétrospectif sur l'histoire du prix de la paix n'incite pas à l'optimisme. À la fin du XIXe siècle, Alfred Nobel et Bertha von Suttner n'étaient pas les seuls à croire qu'une paix durable pourrait régner dans le monde à relativement brève échéance, même si les tensions internationales ne manquaient pas. Après deux guerres mondiales et quantité de conflits régionaux, cet espoir paraît bien utopique tant est grand le fossé entre les vœux pieux et la réalité du terrain. Pas plus la Société des Nations que l'Organisation des Nations Unies, dont tant de membres sont représentés au palmarès du prix, n'ont pleinement répondu aux attentes. Rétrospectivement, la liste des lauréats révèle bon nombre d'illusions perdues, mais aussi d'admirables contributions ayant « rendu les plus grands services à l'humanité ». Le prix Nobel décerné en Norvège est plus indispensable que jamais, même si la paix demeure plus ou moins introuvable.

Alfred Nobel lui-même pensait qu'il y avait d'autres moyens que politiques ou diplomatiques pour œuvrer en faveur de la paix. La fraternisation des peuples qu'il appelait de ses vœux passait par une meilleure compréhension mutuelle, ce à quoi la littérature pouvait puissamment contribuer pourvu qu'elle fût résolument internationale. Un tel point de vue était loin de faire l'unanimité au moment où il rédigeait son testament. L'idée de décerner un prix littéraire international paraissait même incongrue aux yeux de beaucoup. Les nationalismes tendaient à s'exacerber dans l'Europe d'alors, provoquant des replis identitaires. L'idée d'âme du peuple inspirée de Herder n'était pas morte, et chaque littérature était conçue comme l'expression du génie national dans la langue du pays. En France, quelques mois avant que Nobel signe son testament, Jules Lemaître pouvait se gausser des « écrivains de la neige et du brouillard » – scandinaves et russes alors en vogue – pour mieux exalter par contraste l'incomparable clarté française ! Cependant, des voix contraires s'élevaient pour souligner que les différentes littératures n'étaient nullement des entités isolées, qu'elles ressemblaient à des vases communicants par le jeu des influences mutuelles. À la suite de Goethe, qui à la fin de sa vie avait prédit l'avènement d'une *Weltlitteratur*, et sous l'influence du Danois Brandes, pionnier en la matière, la littérature comparée tendait à s'établir comme discipline académique. Cette vision du caractère dialogique et polyphonique de la culture était celle de Nobel, esprit cosmopolite et citoyen du monde, partisan de l'abolition des frontières : son ambition était de jeter des passerelles entre différentes aires culturelles pour dépasser les préjugés nationaux. Mais le projet de créer un prix littéraire vraiment international était unique à l'époque, et difficile à gérer. On comprend les hésitations initiales de l'Académie suédoise. Et Nobel ne lui avait pas facilité la tâche en précisant dans son testament que serait récompensé l'ouvrage littéraire le plus remarquable « de tendance idéaliste ».

Que fallait-il entendre par idéalisme ? Était-ce un concept philosophique ou moral, renvoyait-il à la notion d'idée ou à celle d'idéal ? La polysémie du terme autorisait plusieurs interprétations. Celle qui prévalut au début du XXe siècle sous l'influence du secrétaire perpétuel Carl David af Wirsén fut hélas bien timide. Pas question de critiquer le trône et l'autel, ni de s'éloigner d'un théisme de bon aloi. Cette réduction de l'idéalisme à une morale conventionnelle était aussi contraire que possible à l'esprit de Nobel. À la décharge des académiciens d'alors, ils ne connaissaient pas les écrits du généreux donateur. Ils auraient été édifiés s'ils avaient lu *Nemesis*, tragédie en quatre actes que Nobel avait achevée à la fin de sa vie ; jugée scandaleuse et blasphématoire par les ayants droit, elle fut mise au pilon après la mort de l'auteur, à l'exception de trois exemplaires. Elle reflétait l'aversion d'Alfred Nobel, discret dans la vie mais rebelle en son for intérieur, à l'égard des conventions, de l'ordre établi, de l'injustice omniprésente, de la dictature des prêtres. Un véritable brûlot écrit par un libre-penseur, aux antipodes de la bigoterie prônée par Wirsén.

Aussi l'Académie fut-elle en butte aux critiques dès la nomination du premier prix Nobel de littérature en 1901, le poète français Sully Prudhomme. C'était une sorte d'hommage rendu à l'institution mère, l'Académie française, qui avait servi de modèle à Gustave III quand il avait créé en 1786 son homologue suédoise. Ce qui était plus gênant, c'est que de très grands écrivains étaient alors vivants, mais ils n'avaient pas le profil « idéaliste » tel que le définissaient Wirsén et ses collègues. Zola et Strindberg étaient trop sulfureux pour être pris en considération, Ibsen était taxé de cynisme et de négativisme, un libre-penseur comme Brandes était disqualifié *de facto*, et Tolstoï faisait figure de barbare. Le grand romancier russe ne manquait pas de partisans au sein de l'intelligentsia suédoise, mais les tentatives pour le faire couronner restèrent vaines. L'Académie se devait de sortir de cette impasse : elle était censée décerner un prix littéraire, non un prix de vertu. La mort de Wirsén en 1912 marqua le début d'une nouvelle ère, mais il fallut plusieurs décennies pour que le concept d'idéalisme soit enfin débarrassé de ses connotations moralisantes[7].

D'autres problèmes plus ou moins récurrents se posaient au comité Nobel. L'un d'entre eux tenait à la définition même du concept de littérature. Selon une acception ancienne, celle de l'*historia literaria*, il renvoyait à la chose écrite, tous genres confondus. De fait, le deuxième prix Nobel en date, celui de 1902, échut à un historien, l'Allemand Theodor Mommsen, le candidat de l'Académie prussienne des sciences. Il s'avéra cependant que cette conception de la littérature était trop large. Le palmarès compta un certain nombre de philosophes et de mémorialistes, mais les derniers à être couronnés furent Bertrand Russell en 1950 et Winston Churchill en 1953 ; par la suite, seules les Belles-Lettres furent prises en compte. Mais même ainsi délimité, le champ laisse place à des interrogations sur

7 Voir Kjell Espmark, *Le Prix Nobel : histoire intérieure d'une consécration littéraire*, traduction de Philippe Bouquet, Paris, Balland, 1986 ; réédition en 1989 (éd. Jacob-Duvernet).

l'essence même de la littérature, comme on a pu le voir récemment avec certains choix discutés comme celui de Bob Dylan en 2016. La question s'est posée tout au long de l'histoire du prix de littérature. L'universalité voulue par Nobel pouvait inciter les jurés à privilégier des auteurs s'adressant à un large public comme Pearl Buck, couronnée en 1938, mais le critère d'accessibilité à tous risquait aussi de pénaliser les novateurs et les pionniers. Les choix opérés ont oscillé entre ces deux pôles, selon les époques et en fonction des personnalités composant le comité Nobel.

Qu'on le veuille ou non, se pose aussi le problème des rapports entre littérature et politique. Selon Kjell Espmark, auteur de l'ouvrage de référence sur le prix de littérature, les membres du comité Nobel ont toujours manifesté leur volonté d'impartialité, n'en déplaise à certaines théories conspirationnistes. Mais il opère aussi une distinction essentielle entre l'attitude de l'Académie, qui se veut neutre, et les répercussions politiques que ses différents choix peuvent avoir. Et sur ce dernier point, pratiquement aucun prix n'y échappe. Dans le meilleur des cas, il s'agit du prestige que telle ou telle nation peut tirer d'une distinction reconnue dans le monde entier. Les choses se gâtent quand des enjeux idéologiques viennent interférer avec des considérations purement esthétiques. La guerre froide notamment a entraîné des complications. Le choix en 1953 de Winston Churchill, alors Premier ministre et protagoniste majeur dans l'affrontement entre l'Est et l'Ouest, a été vu comme une entorse à la neutralité. Par la suite, les écrivains exerçant des fonctions politiques ont été mis de côté, ce qui a coûté le prix à Malraux comme à Senghor. En 1958, les Soviétiques ont mal réagi au choix de Boris Pasternak, qui a dû renoncer à recevoir sa récompense ; et en 1970, Soljenitsyne a lui été privé de visa pour se rendre à Stockholm. À l'inverse, les contempteurs de l'Union soviétique n'ont pas apprécié la nomination en 1965 de Cholokhov, considéré comme inféodé au régime. Plus récemment, le choix du Chinois Mo Yan en 2012 a suscité des critiques de même nature.

L'exemple des deux guerres mondiales met en lumière les liens qui unissent le prix de littérature et le prix de la paix. Le lauréat de 1915, Romain Rolland, se voulait lui-même au-dessus de la mêlée. Les deux années suivantes, ce furent des représentants des pays neutres qui furent couronnés, d'abord le Suédois Heidenstam (1916) puis les Danois Pontopiddan et Gjellerup (1917). Et de 1940 à 1943, le prix ne fut pas décerné. Deux de nos compatriotes nobélisés ont dans leur discours de remerciement fait le rapprochement avec le prix de la paix. Roger Martin du Gard d'abord, qui en 1937 soulignait l'importance de la littérature pour éviter la contagion de la guerre ; François Mauriac ensuite, qui en 1952 évoquait le cas de deux de ses prédécesseurs, Romain Rolland (1915) et Anatole France (1921), lesquels selon lui avaient été distingués pour leur engagement humaniste : le premier pour son pacifisme germanophile, le second en tant que défenseur de Dreyfus. Dans cette optique, il ne pouvait être question de primer des écrivains incitant à la haine. Ainsi, Ezra Pound, qui aurait été éligible en tant que représentant majeur du modernisme poétique, se trouva disqualifié par son antisémitisme frénétique et ses sympathies aveugles pour le fascisme.

Nobel souhaitait que le prix de littérature soit vraiment international, ce qui était plus facile à dire qu'à réaliser. Au début, il apparaît plutôt comme multinational, en ce sens que les prix ont récompensé des écrivains déjà reconnus dans leur pays en fonction d'une rotation entre aires géographiques et linguistiques. Au Français Sully Prudhomme et à l'Allemand Mommsen ont succédé le Norvégien Bjørnson (1903), le Franco-provençal Mistral et l'Espagnol Echegaray (1904), le Polonais Sienkiewicz (1905), l'Italien Carducci (1906), l'Anglais Kipling (1907), un Allemand à nouveau avec Eucken (1908), la Suédoise Selma Lagerlöf (1909), etc. L'Europe a longtemps été surreprésentée. L'Asie a certes été mise à l'honneur dès 1913 avec Tagore, mais il faudra attendre 1968 pour qu'un autre représentant de ce continent, le Japonais Kawabata, soit récompensé à son tour. Les États-Unis apparaissent au palmarès en 1930 avec Sinclair Lewis, l'Amérique latine en 1945 avec la Chilienne Gabriela Mistral. L'Afrique ne fait son entrée qu'en 1986 avec le Nigérian Soyinka. Chaque année, l'Académie procède certes à des consultations très larges en Suède et hors de Suède, mais pour prendre la mesure de certaines aires culturelles, les jurés du prix Nobel doivent s'en remettre à des traducteurs qualifiés pour surmonter l'obstacle des langues rares. Dans certains cas néanmoins, ce sont simplement l'éloignement géographique et le manque d'information qui expliquent certains retards : l'Australie n'émerge qu'en 1973 avec Patrick White, écrivain anglophone.

Pour célébrer ses trois cents ans d'existence, la Banque Nationale de Suède a décidé en 1968 de créer « à la mémoire d'Alfred Nobel » un prix d'économie, avec une dotation égale à celle des cinq autres. Qu'en aurait-il pensé, lui qui n'avait guère de considération pour les économistes ? Et s'il revenait parmi nous, ne serait-il pas surpris par la pompe qui entoure la remise des prix Nobel, alors que lui-même fuyait les cérémonies et se moquait de ses contemporains exhibant leurs décorations de manière ostentatoire ? Discret de son vivant, il est aujourd'hui éclipsé par le rayonnement international des prix qui portent son nom. Le meilleur moyen d'honorer sa mémoire est de rappeler à intervalles réguliers qu'il fut un des acteurs majeurs du XIXe siècle et une personnalité aussi remarquable qu'attachante.

Bibliographie

Battail, Jean-François, *Alfred Nobel, inconnu célèbre. Regards sur sa vie, son œuvre et sa postérité*, Paris, Sorbonne Université Presses, 2018.

Biedermann, Edelgard (éd.), *Correspondance entre Alfred Nobel et Bertha von Suttner*, Levallois-Perret, Turquoise éditions, 2015.

Crawford, Elisabeth, *La Fondation des prix Nobel scientifiques 1901–1915* [*The Beginnings of the Nobel Institution. The Science Prizes, 1901–1915*, 1984], traduit de l'anglais par Nicole Dhombres, Paris, Belin, 1988.

Espmark, Kjell, *Le Prix Nobel : histoire intérieure d'une consécration littéraire*, traduit du suédois par Philippe Bouquet, Paris, Balland, 1986 ; réédition en 1989 aux éditions Jacob-Duvernet.

Friedman, Robert Marc, *The Politics of Excellence : behind the Nobel Prize in Science*, New York, Freeman and Co, 2002.

Heffermehl, Fredrik S., *The Nobel Peace Prize : what Nobel Really Wanted*, Santa Barbara, Praeger, 2010.

Sohlman, Ragnar, *L'Héritage d'Alfred Nobel : le testament à l'origine des prix*, traduit du suédois par Guy de Faramond, Paris, Michel de Maule, 2008.

Emmanuel Fraisse

Le prix Nobel et la littérature : définitions, indécisions, inflexions

Résumé : Issu d'un projet philanthropique et individualiste, le prix Nobel de littérature apparaît comme une récompense traversée par le politique (ou la morale). Moins nationaliste que par le passé, plus ouvert aux identités multiples, aux femmes, aux écrivains du Sud et donnant désormais la priorité à la fiction, il demeure un prix occidental, ou en tout cas des langues de l'Occident, et illustre avec éclat les contradictions liées à la notion de « littérature mondiale ».

Mots-clés : prix Nobel, fiction, prix occidental, Goncourt, littérature mondiale.

Abstract : Born from a philanthropic and individualistic project, the Nobel Prize for Literature appears as an award involving politics (or morality). Less nationalist than in the past, more open to multiple identities, to women, to writers from the South and now giving priority to fiction, it remains a Western prize, or in any case of the languages of the West, and vividly illustrates the contradictions linked to the notion of « world literature ».

Keywords : Nobel Prize, fiction, Western prize, Goncourt, world literature.

Le prix Nobel de littérature est assurément la récompense littéraire la plus célèbre au monde. Par l'importance de sa dotation sans doute (10 millions de couronnes, soit plus d'un million d'euros), par sa solennité également, mais infiniment plus encore par son caractère unique et son impact éditorial et critique comme par ses répercussions sur le plan des traductions et de ce qu'il convient d'appeler le *soft power*, qu'il concerne des auteurs déjà très célèbres et attendus ou d'autres, plus surprenants, et ayant jusque-là un rayonnement infiniment plus discret. Selon l'heureuse expression de Pascale Casanova, il s'agit bien d'une complexe et nécessairement incomplète « fabrique de l'universel[1] ».

1 Voir Pascale Casanova, *La République mondiale des Lettres*, Paris, Seuil, 1999, ch. IV « La fabrique de l'universel », p. 179–237.

La contribution et les travaux d'un chercheur aussi autorisé que Jean-François Battail[2] nous dispensent de trop insister sur l'historique de la fondation du prix Nobel, dont une histoire très complète et roborative a par ailleurs été proposée par Burton Feldman il y a une vingtaine d'années[3]. Nous reviendrons toutefois sur quelques éléments de contexte avant de nous interroger sur son impact et son évolution. Car ce qui fait une grande partie de l'intérêt du prix Nobel, c'est, au long de près de 120 années d'existence, d'avoir été et d'être un remarquable observatoire de l'évolution des savoirs et des sensibilités de l'humanité. Observatoire paradoxal par ailleurs, tant il est documenté, notamment sur le site créé par l'organisation du prix[4] et dans la presse, et tant il est resté secret et difficilement déchiffrable à bien des égards. Depuis la chute de l'Union soviétique et la fin de la kremlinologie restent à mettre en lumière les arcanes du Vatican, de la famille royale d'Angleterre… et du Nobel.

En observant quelques aspects de la décision, on constate que le prix Nobel offre une image très évolutive de la représentation de la littérature qu'il a contribué à définir et à diffuser. Parallèlement, il apparaît comme un prix traversé par le politique (ou la morale), et rappelle qu'il ne saurait y avoir une conception « objective » de la littérature ou des mérites littéraires. Enfin, il se prête volontiers à l'approche statistique et à l'établissement de listes qui vont tout naturellement fonctionner comme autant de classements : par langues, par années, par fréquences de nominations avant désignation, par sexes, par genres littéraires, par pays ou continents. Se présentant à la fois comme une objectivation de ce que fut (ou de ce qu'est) la littérature et comme une intervention très largement subjective, le prix Nobel illustre ainsi une grande partie des contradictions liées à la notion de « littérature mondiale ». Et parmi ces contradictions, celle entrevue par Erich Auerbach après la Deuxième Guerre mondiale, à savoir l'extrême

2 Voir Jean-François Battail, *Alfred Nobel, inconnu célèbre*, Paris, Sorbonne Université Presses, 2018.

3 Voir Burton Feldman, *Nobel Prize. A History of Genius, Controversy and Prestige*, New York, Arcade Publishing, 2001.

4 Voir https://www.nobelprize.org, page consultée le 21 juillet 2019.

difficulté à prendre en compte les littératures non liées au monde européen, au sens élargi du terme[5].

Au commencement était le testament : Nobel et Goncourt

Un des aspects les plus remarquables dans l'instauration du prix Nobel en 1901[6], c'est de voir à quel point le testament de son fondateur a pu en définitive être respecté dans son ensemble. Et ce qui ne manque pas de frapper également, c'est comment ce testament a été institutionnellement pris en charge par l'Académie suédoise en ce qui concerne le prix de littérature[7].

Nous souhaitons tout d'abord mettre en rapport, parce que l'époque est rigoureusement la même, et parce que la dimension symbolique manifeste des aspects très proches mais aussi un certain nombre de divergences, le prix Nobel avec une autre démarche appelée également à un succès durable. Certes, cette seconde démarche est limitée à la France et

---

5 Voir Erich Auerbach, « Philologie de la littérature mondiale » [« Philologie der Weltliteratur », 1952], traduit de l'allemand par Diane Meur, dans Christophe Pradeau et Tiphaine Samoyault (dir.), *Où est la littérature mondiale ?*, Saint-Denis, Presses Universitaires de Vincennes, 2005, p. 26–37.

6 Pour une vue d'ensemble sur le prix Nobel de littérature, voir Kjell Espmark, *Le Prix Nobel, histoire intérieure d'une consécration littéraire*, traduit du suédois par Philippe Bouquet, Paris, Balland, 1986. Pour un parcours plus synthétique, voir Kjell Espmark, « The Nobel Prize in Literature », dans Agneta Wallin Levinovitz et Nils Ringertz (dir.), *The Nobel Prize: The First 100 Years*, London, Imperial College Press, 2001, p. 137–161.

7 Sans héritiers directs et profondément hostile à l'héritage, le suédois Alfred Nobel (1833–1896) a décidé de consacrer *post mortem* sa fortune pour à promouvoir la science et le progrès moral et à récompenser des personnalités « ayant apporté le plus grand bénéfice à l'humanité ». Dans son testament établi à Paris et datant de 1895, il institue cinq prix distincts : physique, chimie, physiologie et médecine, littérature, paix. Le prix de littérature est décerné par l'Académie suédoise, fondée en 1786, les deux prix de physique et de chimie le sont par l'Académie royale des sciences de Suède, celui de physiologie-médecine par la plus grande université suédoise de médecine (l'Institut Karolinska) ; le prix de diplomatie (prix de la paix) est décerné par le « comité Nobel norvégien », émanation du Parlement de Norvège, pays dont la séparation avec la Suède et l'indépendance datent de 1905. Quant au prix d'économie, il fut créé en 1968 et, sans être un prix Nobel au sens strict, il est également décerné par l'Académie royale des sciences de Suède.

exclusivement consacrée à la littérature en prose : il s'agit de l'instauration du « prix des Goncourt ». Mais ici aussi, il s'agit de la mise en œuvre d'un testament maintes fois actualisé et précisé qui date de 1893 dans sa version définitive, Alfred Nobel et Edmond de Goncourt étant morts tous deux la même année 1896 et leurs prix ayant été décernés pour la première fois respectivement en 1901 et 1903. Bien que fondée sur une fortune infiniment plus modeste et plus fragile, la création de l'Académie Goncourt et du prix qu'elle décerne annuellement relève d'une logique assez voisine de celle du prix Nobel : celle – au-delà de quelques dotations ciblées et limitées – du refus du principe de l'héritage, des droits du sang et de la transmission familiale. Ce qui a entraîné dans un cas un procès suivi en 1902 d'une déclaration d'utilité publique de la « Société littéraire des Goncourt », et dans le second cas des lenteurs dans l'exécution du testament et une hésitation des autorités suédoises concernées, lenteurs renforcées par la dimension internationale du testament et de la fortune de Nobel[8]. À travers les deux testaments, il y a cette volonté commune de construire une fondation et d'essayer de lui donner des bases stables. Il existe toutefois plusieurs différences de nature dans les deux projets, et surtout une différence de motivation. La fortune des Goncourt est celle de collectionneurs et d'amateurs d'art ; celle de Nobel celle d'un inventeur de génie créateur d'un empire industriel multinational. Nobel s'appuie sur des institutions prestigieuses chargées de délivrer les différents prix ; le projet de Goncourt est de créer ce qu'Albert Thibaudet appellera plus tard une « académie du roman[9] », et son testament est particulièrement explicite à ce sujet : une académie de créateurs modernistes (leur moyenne d'âge est de 43 ans) devant être consacrée à travers un prix annuel « à la jeunesse, à l'originalité du talent, aux tentatives nouvelles et hardies de la pensée et de la forme[10] ».

8 Voir Jean-François Battail, *Alfred Nobel, inconnu célèbre*, *op. cit.*

9 Albert Thibaudet, « Du *Journal des Goncourt* », *La Nouvelle Revue Française*, t. XXV, décembre 1925, p. 741–742. Cité par Sylvie Ducas, *La Littérature à quel(s) prix ? Histoire des prix littéraires*, Paris, La Découverte, 2013, p. 42.

10 Edmond de Goncourt, testament. Voir le site très complet consacré au Goncourt : https://www.prixgoncourt.org/, page consultée le 21 juillet 2019.

Alors que dans l'esprit d'Edmond de Goncourt, l'académie est au cœur de la démarche puisqu'elle doit recevoir l'essentiel de la donation prévue, pour Nobel la rente adossée à la fondation ne vise que les cinq prix annuels. Dans les deux cas, on a bien une fondation visant à suppléer une carence et à affirmer les droits imprescriptibles de l'individu. Mais chez Goncourt, le projet, limité à la France, est centré sur la valeur propre de l'art et d'une communauté d'écrivains, alors que chez Nobel, il s'inscrit dans une tradition philanthropique, progressiste et pour tout dire saint-simonienne (comme chez Jules Verne[11]) et largement adossée sur le réseau de correspondants académiques des institutions scandinaves désignées pour décerner les différents prix. À bien des égards, le Goncourt a contribué à la multiplication des prix littéraires en France (Femina, Renaudot, Interallié dans l'entre-deux-guerres, Livre-Inter, Lectrices de *Elle*, etc. par la suite), et à partir du milieu des années 1970 à l'émergence d'une déclinaison de prix en lien direct avec le Goncourt (Premier roman, Lycéens, Nouvelle, Récit historique, Poésie même, etc.[12]). Le Nobel, lui, est resté unique et mondial, « Monument en ce désert, avec le silence loin » pour citer Mallarmé évoquant Hugo[13], et d'autant plus rayonnant qu'il n'y a aucune forme envisageable de rattrapage, de repentir ou de consolation. Reste un point commun, qui a expliqué les difficultés de mise en œuvre : la complexité de la relation que toute fondation entretient avec l'État.

---

11 « Tout par la vapeur et par l'électricité. Substituer à l'exploitation de l'homme par l'homme celle du globe par l'humanité. Est-il meilleur raccourci de tous les *Voyages extraordinaires* que ces deux formules saint-simoniennes ? » (Jean Chesneaux, « Jules Verne et la tradition du socialisme utopique », *L'Homme et la société*, n° 4, 1967, p. 223). « Ce n'est pas à moi que cet héritage appartient de droit, c'est au progrès », déclare le docteur Sarrasin devenu « fidéicommissaire de la science » dans *Les Cinq Cents Millions de la Bégum* (1879, disponible sur wikisource : https://fr.wikisource.org/wiki/Les_Cinq_Cents_Millions_de_la_B%C3%A9gum, page consultée le 21 juillet 2019).

12 Pour une étude d'ensemble du système des prix en France, voir Sylvie Ducas, *La Littérature à quel(s) prix ?*, *op. cit.*

13 Stéphane Mallarmé, *Variations sur un sujet. Crise de vers* [1886], dans *Œuvres complètes*, Paris, Gallimard, « Bibliothèque de la Pléiade », 1945, p. 361.

Histoire, fonctionnement, problématiques

Bien qu'il soit très connu, le mécanisme de consécration des prix Nobel mérite d'être rappelé, d'autant que le principe est le même quelle que soit la « discipline » concernée. Dans tous les cas, il y a bien quatre étapes distinctes au long de l'année : le rassemblement des suggestions de noms de nobélisables venues des correspondants des institutions en charge des différents prix ; le travail d'un comité spécialisé (de 3 à 5 membres pour le prix de littérature selon les époques, 4 aujourd'hui) que préside la plupart du temps le secrétaire perpétuel de l'Académie ; l'examen par les académiciens des propositions restreintes ; le vote solennel de ladite institution, qui de manière générale entérine la proposition du comité, dont depuis 1970 les membres proposent des rapports individualisés.

Ce système de rassemblement des suggestions émises par les 600 à 700 personnalités issues des académies ou des sociétés savantes correspondantes ainsi que de grandes universités (et en premier lieu en Suède même) a, dans l'ordre du prix Nobel de littérature, des conséquences évidentes. L'établissement au long de l'année d'une liste large (aujourd'hui 200 noms en moyenne), resserrée dans un premier temps à 50 noms, puis d'une liste semi-restreinte (15 noms) débouchant sur une liste restreinte (5 noms) d'auteurs dont les membres de l'Académie pourront examiner les œuvres au cours de l'été et enfin la proclamation du candidat retenu[14] en octobre suivie de la cérémonie solennelle du 10 décembre à Stockholm, tout cela favorise le choix des personnalités les plus citées ou connues dans leur domaine. Mais connues de qui ? – Avant tout des personnalités reconnues ou membres en vue des sociétés savantes, elles-mêmes reconnues et institutionnalisées et inégalement réparties dans le monde. À quoi il convient d'ajouter d'anciens lauréats qui, de droit, sont habilités à proposer des noms[15].

Par ailleurs, la règle voulant que le prix soit décerné à une personnalité toujours active et, pour la littérature, productive, constitue bien un

14 Les cas de lauréats *ex-æquo* (quatre en tout) sont rares en littérature, d'autant que l'écriture reste, sauf exception, un acte solitaire et individuel.

15 Les quatre recalés de la liste restreinte seront d'emblée réinscrits dans la liste de départ de l'année suivante.

critère de sélection. On comprend mieux dans ces conditions que le prix Nobel vienne distinguer la trajectoire d'un écrivain plus qu'un ouvrage, et surtout que l'œuvre gagne à être écrite, et à tout le moins traduite, dans une langue connue des membres du comité et des 18 académiciens suédois, et donc dans une des « grandes langues » occidentales de culture. On retrouve ainsi, avec cette question de la traduction, un des éléments qui favorisent et expliquent les déséquilibres en faveur de l'Occident et qu'on observera de manière plus détaillée par la suite. Le seul Asiatique prix Nobel avant 1968 (année de la consécration de Yasunari Kawabata) est le Bengali Rabîndranâth Tagore (1913), qui avait eu soin de traduire une partie de son œuvre en anglais, et qui fut d'ailleurs présenté au comité par un membre de la *Royal Society of Literature* de Londres. Et il fut distingué par l'Académie suédoise pour avoir fait de sa pensée poétique « une partie de la littérature de l'Occident[16] ».

En effet, le comité, puis l'Académie, doit chaque année justifier publiquement les raisons de son choix dans des formulations souvent ampoulées et parfois obscures, alors que les noms des nominés et nominateurs restent secrets pendant 50 ans. Ainsi J. M. G. Le Clézio, prix 2008, est-il distingué comme « écrivain de la rupture, de l'aventure poétique et de l'extase sensuelle, [...] explorateur d'une humanité au-delà et en-dessous de la civilisation régnante ».

De manière moins littéraire et plus idéologique, mais pas plus élégante sur le plan stylistique, lorsque Sartre se vit conférer le prix qu'il refusa avec éclat en 1964[17], l'Académie explicita les raisons de son choix, dont personne n'imaginait un instant qu'il pût être rejeté par un lauréat désigné « pour son œuvre qui, riche d'idées et emplie de l'esprit de liberté et de quête de la vérité, a exercé une influence profonde sur notre époque ». Et à l'automne 2010, Mario Vargas Llosa est récompensé « pour sa cartographie des structures du pouvoir et ses images aiguisées de la résistance de l'individu, de sa révolte et de son échec ». L'année suivante, le poète Tomas Tranströmer est célébré « pour avoir donné des images concentrées et translucides,

---

16 Les citations dont les références détaillées ne sont pas données sont puisées sur le site officiel du Nobel, et, le cas échéant, traduites par nos soins.

17 Voir Jean-François Louette, *Silences de Sartre*, Toulouse, Presses Universitaires du Mirail, 2002, p. 77–80.

donnant un nouvel accès à la réalité ». Lorsque, en 2012, Mo Yan, premier écrivain chinois vivant en Chine et écrivant exclusivement en chinois, est distingué, c'est pour avoir « fusionné avec un réalisme hallucinatoire les contes populaires, l'histoire et le contemporain ». Et en 2013, la Canadienne anglophone Alice Munro est distinguée comme un « maître de la nouvelle contemporaine ».

Tous les observateurs ont pu relever un élément d'importance dans l'histoire et l'évolution du prix Nobel : la variation dans l'interprétation du testament d'Alfred Nobel, et finalement dans la définition de la littérature elle-même. Originellement, le prix a pour vocation d'honorer des œuvres « de tendance idéaliste ». Ce que confirme en 2007 Horace Engdahl, alors secrétaire perpétuel de l'Académie suédoise, à l'occasion de la nomination de Doris Lessing :

> Je crois que la bonne interprétation de la phrase de Nobel est de rendre hommage à des auteurs qui ont profité au genre humain. Doris Lessing y répond totalement. Elle a inauguré une manière de voir les relations hommes/femmes au XXe siècle. Son héritage est double : purement littéraire, avec de très bons livres, romans et mémoires, mais il est aussi moral en direction de nombre d'autres écrivains[18].

Et originellement toujours, les statuts de la fondation Nobel estiment que la « littérature » ne saurait se réduire aux « Belles-Lettres », mais « s'étend également à d'autres écrits, qui, en raison de leur forme et de leur style, possèdent une valeur littéraire ». Dans le même entretien de 2007, Horace Engdhal confirme cette disposition :

> L'attribution à un auteur de non-fiction est une possibilité intéressante qui n'a été utilisée que trop rarement, à cinq ou six reprises, avec Bergson ou Churchill par exemple. C'est trop peu au regard de la qualité de la production mondiale dans des genres très forts [*sic*] en expansion comme le récit de voyage, l'essai ou le récit autobiographique. Nombre de philosophes et d'intellectuels doivent à mon sens être des candidats sérieux[19].

Malgré les réticences originelles de certains académiciens, le principe d'un prix international (« continental », comme le disent très significativement

---

18 Interview d'Horace Engdahl dans *La Croix* du 11 octobre 2007, http://www.la-croix.com/article/index.jsp?docId=2317201&rubId=5548, page consultée le 21 juillet 2019.

19 *Ibid.*

les premiers textes) est évidemment fondamental et confère son caractère unique au prix Nobel :

> Je désire expressément que lors de l'attribution des prix, aucune considération de nationalité ne soit prise en compte, de sorte que le plus digne se voie décerner le prix, qu'il soit scandinave ou non[20].

Une fois définie la littérature au sens très large, on voit que l'Académie suédoise, très conservatrice sur le plan culturel et politique jusqu'à la Première Guerre mondiale, a tout d'abord cherché à définir une politique d'équilibre entre les grandes puissances européennes, les grandes langues et les grands genres littéraires, tout en donnant une place de choix à la Scandinavie. Ainsi, si le poète français Sully Prudhomme est le premier lauréat en 1901, il est immédiatement suivi par le grand historien allemand de l'antiquité Theodor Mommsen, puis par le romancier et dramaturge norvégien Bjørnstjerne Bjørnson.

Une grande partie de l'histoire du prix Nobel, compte tenu de l'évolution de l'Académie suédoise, consiste à être passé d'une définition très restrictive et idéologiquement conservatrice de la notion d'« idéal » (autant dire d'un « message » bien-pensant) à une conception infiniment plus ouverte de la littérature comme questionnement et inquiétude face à la diversité du monde : qu'y a-t-il d'idéaliste ou d'idéal chez Beckett – prix 1969 – par exemple ? Reste que l'interrogation initiale de Nobel demeure et resurgit sans cesse : à défaut de définir ce qu'est la littérature, quelle est son utilité ? S'il est bien difficile de connaître sa nature, il est sans doute plus aisé d'en appréhender les fonctions... Une seconde évolution, très précoce celle-ci comme on l'a vu, consiste à considérer « l'œuvre » comme un tout, un ensemble d'ouvrages du même auteur dont la valeur et la complexité résident dans cet ensemble et non dans un texte particulier : le Nobel, contrairement au prix Goncourt et à une mention du testament initial, va donc consacrer un écrivain, sa trajectoire, et non un ouvrage précis, ce qui explique pour une part l'âge élevé de beaucoup des récipiendaires (moyenne : 65 ans). Une troisième inflexion, liée aux deux premières,

---

20 Traduction de Jean-François Battail, *Alfred Nobel, inconnu célèbre*, *op.cit.*, p. 22 : « My express wish that in awarding the prizes no consideration whatever shall be given to the nationality of the candidates, but that the most worthy shall receive the prize, whether he be a Scandinavian or not. »

réside dans la littérarisation du prix, dans son inscription résolue dans la littérature « de qualité », et dans son refus affiché du « *mainstream* ». D'où une mise en cause régulière du caractère « élitiste » du prix, qui est loin de se contenter de consacrer massivement des auteurs de *best-sellers* comme a pu l'être Pearl Buck (1938). Ainsi Faulkner (1949), en définitive très peu connu aux États-Unis au lendemain de la Deuxième Guerre mondiale, est-il choisi grâce notamment à sa réception par la critique et l'avant-garde françaises. Quant à la quatrième dimension d'évolution, plus timide et sans doute plus décisive dans une perspective de « mondialisation », c'est celle du refus progressif et proclamé des pressions politiques – le prix est volontiers présenté comme « gauchiste » par ses détracteurs – et d'un souci accru concernant les origines des auteurs consacrés.

Si l'entre-deux-guerres a montré une présence croissante des États-Unis (le prix n'est plus exclusivement « continental » depuis 1930, avec la désignation de Sinclair Lewis comme lauréat), il faut attendre le lendemain de la Deuxième Guerre mondiale pour que l'Amérique latine soit reconnue à travers la poétesse chilienne Gabriela Mistral (1945), et les années 1980 pour que l'Afrique noire et le monde arabe soient présents, de manière bien timide au demeurant. Quant aux femmes, leur nombre reste modeste (14 sur un total de 113 lauréats en 2016), bien que la Suède et la Norvège aient été, historiquement, un des lieux de la naissance de la reconnaissance de la valeur de la production artistique de celles qui constituent la « deuxième partie du monde[21] ».

On peut en outre, et sans cruauté particulière, faire la liste de tous les écrivains de première grandeur qui, en dépit d'une pratique généralisée de reconduction d'une année sur l'autre des listes des noms éconduits, ont été les oubliés du prix Nobel, et d'une idée « mondiale » de la littérature. Pour rester dans le domaine des valeurs indiscutées et en se limitant à des écrivains occidentaux de la première moitié du XXe siècle, ni Kafka, ni Proust, ni Joyce, ni Rilke, ni Musil, ni Zweig, ni Breton, ni Virginia Woolf n'ont été lauréats. On rappellera toutefois que Zola et Tolstoï furent nominés à plusieurs reprises.

---

21 1909 : Selma Lagerlöf ; 1928 : Sigrid Undset.

une présence accrue et désormais dominante d'écrivains non réductibles à une identité (nationale, culturelle, ethnique, voire linguistique), et très généralement relevant dans le même temps de plusieurs espaces ou univers de référence. Pour le dire crûment : le prix Nobel d'aujourd'hui tend à ne plus être un prix des identités simples consacrant, comme ce fut longtemps le cas, la coïncidence de la nation, de la langue et d'une culture homogène. Les exemples sont nombreux et très variés. Comment en effet classer les deux Nobel sud-africains (voire les trois si l'on veut bien y joindre Doris Lessing) que sont Nadine Gordimer (1991) et John Coetzee (2003) ? De plus, Coetzee réside désormais entre l'Australie et les États-Unis. Signe de la mondialisation, les écrivains sont aussi, et peut-être nécessairement, ces nomades qu'évoque le sociologue Zygmunt Bauman quand il décrit notre univers mondialisé comme peuplé de « touristes et de vagabonds[27] ».

Pluri-appartenance culturelle et identitaire des individus, impact des migrations (volontaires ou forcées) : telle est bien la caractéristique d'un monde marqué par la mondialisation. Regardons simplement quelques-uns des lauréats particulièrement emblématiques dans cette perspective. C'est bien le cas de Derek Walcott (1992), qui, né à Sainte-Lucie, écrit en anglais et en créole ; de Toni Morrison (1993), américaine et noire ; de V. S. Naipaul (2001), Indien de Trinidad ayant choisi la Grande-Bretagne et l'*énigme de l'arrivée*. C'est aussi, et plus paradoxalement, le cas du poète Seamus Heaney (1995), qui, né en Ulster, a quitté la nationalité britannique et opté pour la nationalité irlandaise, et que sa carrière a conduit de la Grande-Bretagne aux États-Unis. C'est évidemment le cas de Günter Grass (1999), à la charnière entre mondes allemand et polonais, de Gao Xingjian (2000), devenu citoyen français, déchu de la nationalité chinoise et écrivant aussi en français, de J. M. G. Le Clézio (2008), entre Maurice, l'Afrique de l'Ouest et la France (sans oublier le Mexique), ou de Herta Müller (2009), Allemande de Roumanie, à cheval sur deux langues et deux univers mentaux. Et chez Kazuo Ishiguro (2017), on retrouve les mêmes éléments de diversité linguistique et culturelle, sa langue maternelle

---

27 Voir Zygmunt Bauman, *Le Coût humain de la mondialisation* [*Globalization, the Human Consequences*, 1998], traduit de l'anglais par Alexandre Abensour, Paris, Hachette, coll. « Pluriel », 1999, ch. IV « Touristes et vagabonds », p. 119–155.

et familiale étant le japonais et sa langue d'écriture et d'étude étant l'anglais. C'est dans la mesure de sa capacité à reconnaître et consacrer la complexité, la multiplicité, l'hétérogénéité que le prix Nobel tend à devenir un prix universel.

Reste que, de la Chine à la Corée, à l'Indonésie ou à l'Inde, de l'Afrique noire au monde arabe, là où vit la majorité de l'humanité, de nombreux États, mais également une fraction importante des élites de ces pays se sentent hors-jeu, exclus de ce qui serait une littérature mondiale. C'est en Chine et en Corée que la récrimination est la plus affirmée. Mais même aux États-Unis, de nombreux critiques autorisés dénoncent la trop faible part faite aux écrivains américains[28].

Toutefois, il n'en va pas de la littérature comme des Jeux olympiques (qui furent d'ailleurs créés au même moment que le Nobel), des classements des fortunes, des valeurs boursières, des performances des nations, des hôpitaux, des universités ou même des tirages des *best-sellers* et du nombre de spectateurs des *blockbusters*. Penser la dimension mondiale de la littérature, voire évoquer la littérature mondiale, c'est avant tout s'attarder sur la complexité du monde et des regards qui le traversent. L'universalité d'un message est-elle en relation avec la variété des origines des voix de ceux et celles qui le portent ? Sans doute. Mais dans tous les cas cette variété ne saurait être épuisée par des palmarès, et par un système institutionnalisé de rotation, de quotas, de droits de tirage nationaux ou linguistiques et partant directement dépendant de l'activité de groupes de pression étatiques.

Le profond renouvellement et la modification du règlement de l'Académie suédoise consécutifs à la crise qui l'a ébranlée en 2017–2018 auront-ils des répercussions sensibles ? On peut prendre le pari que ce renouvellement et ce rajeunissement liés à une féminisation accrue renforceront les inflexions observées au long des trente dernières années. Mais on peut également garder à l'esprit que la question des langues et des traductions restera un obstacle auquel se heurtera une mondialisation élargie de la

28 Voir David Remnick, qui, dans le *New Yorker* du 1er octobre 2008, se lance dans une polémique avec Horace Engdahl à propos d'un supposé « provincialisme » et de l'« isolement » de la littérature américaine.

littérature. Laquelle littérature, à certains égards, reste un concept défini par l'Occident et demeure une affaire de langues européennes.

Bibliographie

Auerbach, Erich, « Philologie de la littérature mondiale » [« Philologie der Weltliteratur », 1952], traduit de l'allemand par Diane Meur, dans Christophe Pradeau et Tiphaine Samoyault (dir.), *Où est la littérature mondiale ?*, Saint-Denis, Presses Universitaires de Vincennes, 2005, p. 26–37.

Battail, Jean-François, *Alfred Nobel, inconnu célèbre*, Paris, Sorbonne Université Presses, 2018.

Bauman, Zygmunt, *Le Coût humain de la mondialisation* [*Globalization, the Human Consequences*, 1998], traduit de l'anglais par Alexandre Abensour, Paris, Hachette, coll. « Pluriel », 1999.

Casanova, Pascale, *La République mondiale des Lettres*, Paris, Seuil, 1999.

Chesneaux, Jean, « Jules Verne et la tradition du socialisme utopique », *L'Homme et la société*, n° 4, 1967.

Ducas, Sylvie, *La Littérature à quel(s) prix ? Histoire des prix littéraires*, Paris, La Découverte, 2013.

English, James, *The Economy of Prestige : Prizes, Awards, and the Circulation of Cultural Value* [2005], Cambridge, Harvard University Press, 2008.

Espmark, Kjell, *Le Prix Nobel, histoire intérieure d'une consécration littéraire*, traduit du suédois par Philippe Bouquet, Paris, Balland, 1986.

Espmark, Kjell, « The Nobel Prize in Literature », dans Agneta Wallin Levinovitz et Nils Ringertz (dir.), *The Nobel Prize : The First 100 Years*, London, Imperial College Press, 2001, p. 137–161.

Feldman, Burton, *Nobel Prize. A History of Genius, Controversy and Prestige*, New York, Arcade Publishing, 2001.

Louette, Jean-François, *Silences de Sartre*, Toulouse, Presses Universitaires du Mirail, 2002.

Mallarmé, Stéphane, *Variations sur un sujet. Crise de vers* [1886], dans *Œuvres complètes*, Paris, Gallimard, « Bibliothèque de la Pléiade », 1945.

Thibaudet, Albert, « Du *Journal des Goncourt* », *La Nouvelle Revue Française*, t. XXV, décembre 1925, p. 741–742.

Pascal Dethurens

Le prix Nobel de littérature et l'Europe : du mirage à l'idéal. Réflexions sur un vieux rêve de la littérature européenne

Résumé : Le prix Nobel de littérature est-il le reflet de ce qu'on a appelé depuis un siècle l'esprit européen ? Une large partie de cet esprit, défini dans la littérature à chaque génération, n'a pas été reconnue comme telle par le prix, ce qui a eu pour effet de laisser de côté un nombre important d'auteurs grâce auxquels, pourtant, la littérature européenne s'est élaborée. L'idéal humaniste postulé par Alfred Nobel, pourtant, est bien vivant parmi de très nombreux écrivains européens, sans qu'il faille pour autant en conclure, trop hâtivement, à un eurocentrisme du prix de littérature.

Mots-clés : littérature, prix Nobel, Europe, idéal, esprit.

Abstract : Is the Nobel Prize for Literature a reflection of what has been called for a century the European spirit ? A large part of this spirit, defined in literature in each generation, has not been recognized as such by the prize, which has had the effect of leaving out a significant number of authors thanks to whom, nevertheless, European literature has developed. The humanist ideal postulated by Alfred Nobel, however, is alive among a great number of European writers, although this does not mean that we should conclude too hastily that the Nobel Prize for Literature is Eurocentric.

Keywords : literature, Nobel Prize, Europe, ideal, spirit.

L'une des difficultés, et non des moindres, que l'on rencontre lorsqu'un prix littéraire est attribué, tient souvent moins à la reconnaissance de la qualité littéraire de l'œuvre et du talent de l'auteur que ce prix vient récompenser, qu'aux discours liés à sa réception par la communauté, et par la communauté internationale quand il s'agit du prix Nobel. Les discours varient, fluctuent, polémiquent et s'évanouissent, mais les prix, eux, restent, et ils conduisent, surtout le Nobel, à une reconfiguration continuelle de la carte du monde de la littérature.

C'est ainsi par exemple que l'attribution du Nobel à Halldór Laxness en 1955 a permis de faire découvrir aux lecteurs, sinon aux voyageurs, que l'Islande existait sur la carte européenne et qu'une littérature avait trouvé le jour sur cette île. Ou que celle qui est venue couronner la carrière de W. B. Yeats en 1923, de G. B. Shaw en 1925, de Beckett en 1969 et de Seamus Heaney en 1995 a peu à peu fait apparaître une autre île, l'Irlande, comme un pays supérieurement doué, sur cette même carte, en termes de rapport de prix Nobel de littérature par nombre d'habitants. Et le record a été battu, en Europe, par l'un de ces pays auxquels, faute de traducteurs suffisants, on ne se serait pas attendu, la Suède, qui peut se prévaloir d'avoir connu huit de ces prix, de Selma Lagerlöf en 1909 à Tomas Tranströmer en 2011, en l'espace d'un siècle. C'est beaucoup, et c'est bien – et c'est surtout ce qui contribue à redessiner perpétuellement la géographie de l'Europe littéraire.

Il est indéniablement risqué, et peut-être erroné, d'étudier la dimension culturelle européenne du prix Nobel de littérature en dehors de toute considération politique. Un lien politique existe bel et bien, on veut le croire, entre le Nobel et l'esprit européen, et un lien si complexe, si divers aussi, qu'il faut d'abord s'appuyer sur des chiffres précis avant de proposer toute hypothèse. Entre 1901, année de son invention, et 2017 (on fera abstraction de l'année 2018 puisqu'aussi bien chacun sait que le prix a été différé), 114 écrivains ont reçu le prix Nobel de littérature. Ce dernier n'a pas été remis en 1914, 1918, 1940, 1941, 1942 et 1943, ce qui en dit assez long déjà sur l'impact de l'histoire européenne sur son attribution. À trois reprises pourtant, en 1917, 1966 et 1974, le prix a été décerné à deux écrivains à la fois.

Ce qu'il importe de savoir, surtout, c'est que sur les 114 récipiendaires, 82 ont été des Européens. En tête du classement mondial figure la France, avec 15 lauréats (soit 13 %), dont le premier Nobel de littérature, Sully Prudhomme, et deux parmi les plus récents récipiendaires, Le Clézio en 2008 et Modiano en 2014. Après la France, si l'on excepte les États-Unis qui arrivent en deuxième position, nous trouvons essentiellement des pays européens : le Royaume-Uni compte 12 lauréats (soit 10 %), l'Allemagne 8 (soit 7 %), la Suède autant, puis viennent l'Espagne et l'Italie avec 6 lauréats (soit 5 %), l'Irlande et la Pologne avec 4 lauréats (soit 3 %), et l'on voudrait aussi rappeler qu'à côté de la Russie et de ses 3 lauréats plusieurs autres pays d'Europe figurent encore en bonne position, la Norvège et le Danemark avec 3 lauréats, la Suisse et la Grèce avec 2 – et l'on n'oubliera ni la Belgique, ni la Finlande, ni le Portugal, ni la Hongrie, ni l'Autriche avec 1 lauréat chacun. Numériquement, la part de l'Europe s'affiche avec une telle supériorité sur les autres continents qu'il serait vain de s'interroger, quelle que soit la manière de le définir, sur l'européanisme du prix.

D'ici à soutenir que le Nobel de littérature serait un prix fait par des Européens pour des Européens, il y a une marge énorme, et le nombre croissant de récipiendaires non européens, surtout dans les dernières décennies, vient le démentir sans ambiguïté. S'il a fallu attendre 1913 pour qu'un premier auteur non européen soit récompensé (Tagore), puis 1930 pour le suivant (Sinclair Lewis), on observe que le nombre de lauréats n'a cessé d'augmenter dès le lendemain de la Deuxième Guerre mondiale, ce qui correspond à l'essor de la mondialisation de la littérature. Dès cette date en effet, les États-Unis se sont taillé la part du lion, avec l'attribution du prix à Faulkner en 1949, à Hemingway en 1954, à Steinbeck en 1962, à Saul Bellow en 1976, ou encore à Toni Morrison en 1993, pour ne citer qu'eux.

Mais d'autres continents ont peu à peu fait leur apparition sur la carte du monde qui se redessine : l'Amérique du Sud par exemple, avec l'attribution du prix à Asturias en 1967, à Neruda en 1971, à García Márquez en 1982 ou encore à Octavio Paz en 1990, là aussi pour ne mentionner qu'eux. Et l'on n'omettra pas l'émergence des littératures asiatiques à partir des années 1960, marquée par l'attribution du prix à Kawabata en 1968, à Ōe en 1994, ou encore à Mo Yan en 2012 (signalons que Gao Xingjian, récipiendaire du prix en 2000, l'a reçu pour la France, écrivant en mandarin et en français, de même que Ishiguro, lauréat en 2017, l'a reçu pour le Royaume-Uni, écrivant en anglais). L'Afrique ne compte à ce jour que quatre lauréats du prix, le Nigérian Wole Soyinka en 1986, l'Égyptien Naguib Mahfouz en 1988, et les Sud-Africains Nadine Gordimer en 1991 et John Maxwell Coetzee en 2003. Tout cela n'est qu'une récollection de données chiffrées, mais ces chiffres donnent un aperçu assez clair, dans un premier temps, de l'espace littéraire du Nobel de littérature, et cet espace est encore, malgré la diversification mondiale du prix, largement centré sur l'Europe.

Tels n'étaient, ni l'enjeu, ni la perspective du prix au moment de sa définition en 1901. Il n'est pas sans importance d'avoir à l'esprit le texte (testamentaire) dans lequel Alfred Nobel entendait définir les conditions pour le décerner, texte où le critère géo-culturel n'apparaît pas, mais seulement l'élément spirituel. Seule une œuvre littéraire jugée « idéaliste », selon ses propres termes, c'est-à-dire une œuvre susceptible de promouvoir un idéal humain, méritait d'être récompensée et, par là, d'être portée à la reconnaissance mondiale[1]. C'est cet idéalisme qui est cause, dans les premières années, de la mise à l'écart d'écrivains comme Zola, Strindberg ou Hardy, jugés trop pessimistes, indépendamment de leur génie propre.

C'est là assigner à la littérature, en même temps qu'une portée mondiale inédite, en même temps aussi qu'une rapidité de réception absolument inconnue jusqu'alors, un domaine parfaitement délimité, en aucun cas linguistique, mais éthique. Et c'est là que tout commence, avec l'interrogation que l'on voudrait soulever ici, de la problématique européenne en lien avec le Nobel. Comment l'Europe s'inscrit-elle dans la définition et la portée du prix, comment l'attribution du Nobel entretient-elle un rapport avec l'européanité d'une œuvre, comment encore l'esprit européen dont se revendique (ou au contraire que renie) un écrivain joue-t-il dans la réception du prix ?

La matière, on le conçoit, on peut le craindre aussi, est large. Car le Nobel de littérature a été décerné, parmi les écrivains européens, autant à l'un des défenseurs les plus avancés de l'esprit européen qu'à l'un de ses détracteurs les plus virulents. On donnera pour le premier cas le nom de Thomas Mann, récipiendaire du prix en 1929 ; et pour le cas contraire celui de Sartre, qui en 1964 décline le prix, jugé par lui « beaucoup trop tourné vers l'Occident ». De quoi brouiller les cartes, et la carte de l'Europe littéraire en premier lieu… Mais de quoi insister au moins, d'un cas à l'autre, sur le rapport très étroit du Nobel de littérature à l'enjeu européen sous-tendu par lui.

---

1 On lira à ce sujet l'article de Kjell Espmark, « The Nobel Prize in Literature. Alfred Nobel's Will », décembre 1999, sur le site *Nobelprize.org*, ainsi que, pour plus de développements, son essai *The Nobel Prize in Literature. A Study of the Criteria behind the Choices*, Boston, G. K. Hall & Co, 1991.

Peut-être serait-il utile, pour faire preuve de toute la prudence requise, de commencer par rappeler le nombre important de ceux qu'on pourrait appeler les grands absents, de ceux sans lesquels la littérature européenne, définie comme telle déjà par Curtius au milieu des années 1930, définie encore comme telle aujourd'hui, n'aurait pas le visage qu'elle a. Que serait cette littérature, même hors de tout jugement de valeur, amputée des noms de Proust, de Kafka, de Rilke, de Woolf, de Pessoa, de Joyce, de Svevo, de Witkiewicz, de Musil, de Čapek ? Aucun d'eux n'a reçu le prix ; chacun d'eux a remodelé notre littérature. Sans doute leur reconnaissance universelle pèse-t-elle aussi lourd, voire plus lourd, qu'une attribution qui ne s'est pas faite. Il reste que le Nobel est passé, bien souvent, à côté des plus grands écrivains – soit dit pour ne pas surestimer l'importance du prix dans la construction de la littérature européenne et la définition de son « esprit[2] ».

Burton Feldman, auteur d'un essai très intéressant sur le sujet, a montré dans ce sens combien la liste des lauréats, et pas uniquement celle des écrivains, comportait bon nombre d'oublis majeurs[3]. D'autres spécialistes, comme Charlotte Pudlowski, se sont aussi penchés sur les raisons, diverses, complexes, parfois embarrassantes, qui ont empêché l'attribution du Nobel à de nombreux écrivains[4] – comme Céline, que Roger Nimier souhaitait voir récompensé, et qui n'a jamais obtenu le prix, comme on sait, en raison de son antisémitisme déclaré. Pourtant, selon David Damrosch, les refus ne reposent pas toujours sur des motifs éthiques : « Il y aura toujours des oubliés de pays plus petits, au rayonnement moindre et aux auteurs peu traduits. » D'après le critique, les « choix du jury Nobel représentent une perspective très européano-centrée. D'ailleurs,

---

2 Voir à ce propos Josepha Laroche, *Les Prix Nobel, sociologie d'une élite transnationale*, Montréal, Liber, 2012. Josepha Laroche écrit ainsi : « Il n'y a pas d'équation entre la valeur littéraire et le Nobel. Un grand écrivain novateur ne mérite pas forcément le prix. Il s'agit d'incarner dans sa personne, mais aussi dans son œuvre, des valeurs de respect des droits des peuples. Le Nobel, y compris en littérature, a pour horizon la pacification des relations internationales. »

3 Voir Burton Feldman, *Nobel Prize. A History of Genius, Controversy and Prestige*, New York, Arcade Publishing, 2001.

4 Charlotte Pudlowski, « Qui sont les oubliés du Nobel ? », *Slate.fr*, 7 octobre 2012.

quand des pays non occidentaux sont récompensés, c'est plus facile si les auteurs écrivent dans une langue très parlée [...]. La Serbie par exemple compte de très grands écrivains mais seul Ivo Andric a reçu le Nobel en 1961[5]. »

L'Académie elle-même a reconnu avoir raté, comme le soulignent ces critiques, des monuments de la littérature européenne, en raison simplement du décès prématuré de certains écrivains : Lorca (décédé à 38 ans), Proust et Rilke (morts tous deux à 51 ans), ou encore Maïakowski et Celan (ils se sont respectivement donné la mort à 36 et 49 ans). On peut faire valoir aussi, indépendamment de l'européanité pourtant évidente de leur œuvre, que plusieurs parmi les plus grands auteurs européens n'ont pas reçu le prix, comme Kafka et Cavafy, mais aussi Mandelstam et Pessoa, parce que l'essentiel de leur œuvre a été publié après leur mort et qu'aucun des jurés de l'Académie n'a été en mesure d'en évaluer la portée de leur vivant. La même Académie, loin de se vouloir infaillible, n'a jamais minimisé sa part d'erreur (par exemple en choisissant en 1938 de décerner le prix à Pearl Buck au lieu de Virginia Woolf, également pressentie). Si bien qu'une partie entière de ce qui fait, aujourd'hui, l'esprit européen de la littérature s'est constituée sans le prix Nobel...

Remarque qu'il convient de nuancer aussitôt. En 2008, l'ancien secrétaire perpétuel de l'Académie suédoise, Horace Engdahl, n'a pas craint de justifier la précellence accordée par les jurés aux écrivains européens. « Il existe bien sûr des auteurs forts dans toutes les grandes cultures », concédait-il, « mais on ne peut pas nier le fait que l'Europe est toujours le centre du monde littéraire..., et pas les États-Unis, [car] ils sont trop isolés, ils ne traduisent pas assez et ne participent pas au dialogue des littératures[6]. » Scandale outre-Atlantique : le Nobel a peut-être laissé de côté quantité d'auteurs européens de renom, il ne peut se prévaloir de récompenser les Européens plus légitimement que les autres ! L'année suivante, en 2009, le nouveau secrétaire perpétuel, Peter Englund, a enrayé la polémique en expliquant qu'« il est forcément plus facile pour les Européens

---

5 David Damrosch, *What is World Literature?*, Princeton/Oxford, Princeton University Press, 2003.

6 Voir le texte entier sur le site de *radio-canada.ca* (octobre 2008).

d'être en phase avec la littérature européenne[7] ». Qu'on le veuille ou non, il se trouve que les critiques les plus insistantes à l'endroit du prix portent sur la perspective européo-centrée du jury et sur le fait que de nombreuses zones géographiques soient totalement ou partiellement délaissées.

L'Europe, pour le dire autrement, n'est jamais loin du centre du débat, peut-être parce que c'est elle (et donc « l'esprit européen ») qui est en jeu, bel et bien, dans la réflexion. Or, il n'est pas évident du tout que soient récompensés ceux des écrivains les plus notoirement inscrits dans la défense de cet « esprit » et de ses valeurs. Certains même, pressentis depuis longtemps, non seulement pour l'envergure de leur œuvre mondialement reconnue, mais aussi pour leur engagement pro-européen, sont systématiquement évincés. Qu'on songe à Kadaré, à Kundera, à Magris aujourd'hui, à combien d'autres avant eux aussi. On aurait donc parfois tout lieu de se demander si l'idéal d'Alfred Nobel, idéal qu'il estimait devoir être respecté en littérature autant que dans les autres disciplines, et qui reposait à ses yeux sur le respect des valeurs humaines, n'a pas bien souvent été laissé de côté suivant les circonstances, ou selon la vision qui s'est proposée de l'« esprit européen[8] ».

Sans doute d'assez nombreux critiques ont-ils déploré que la qualité littéraire d'une œuvre n'ait pas prévalu comme unique critère. Il est légitime, surtout, de s'étonner de la non-coïncidence de plusieurs œuvres ouvertement euro-sceptiques avec l'idéal défini par Nobel dans son testament. Combien d'auteurs pourfendeurs des valeurs européennes ont-ils reçu le prix ! Sartre, on l'a dit déjà. Mais dès les premières années de l'existence du prix, les redéfinitions successives, autant dire les galvaudages successifs du texte de ce testament ont donné lieu à des attributions pour le moins discutables, et en tout cas discutées.

Un article récent en retrace l'historique de manière tout à fait passionnante[9]. « De 1902 à 1913 », soutient François Comba à juste titre, « la

---

7 Lire l'article de Nicholas Kulish, « Herta Müller Wins Nobel Prize in Literature », *New York Times*, 8 octobre 2009.

8 Lire à ce sujet le texte de Kjell Espmark, « The Nobel Prize in Literature. Alfred Nobel's Will », décembre 1999, sur le site *Nobelprize.org*.

9 Voir François Comba, « Le Nobel de littérature : les dessous du prix », *lepoint.fr*, 11 octobre 2012.

liste des lauréats du Nobel de littérature récompense tous les nationalismes : Sienkiewicz, Mommsen, Mistral ». Et d'ajouter, pour aggraver le constat :

> L'Académie essaie ensuite de rester la plus neutre possible dans le conflit franco-allemand : lorsqu'elle prime un Français, elle choisit Romain Rolland, l'auteur d'*Au-dessus de la mêlée*. Dans les années 1930–1939 [...], on ne prime aucun écrivain autrichien ou allemand qui aurait pu gêner Hitler, ce qui rétrospectivement est assez embarrassant. La grande erreur, à mon sens, est d'avoir suspendu le prix de 1940 à 1943 à la demande du gouvernement suédois : il aurait mieux valu tâcher de sauvegarder la civilisation.

En un mot, conclut le critique, si « dans son testament Alfred Nobel avait émis le souhait que le prix de littérature soit remis à l'œuvre de plus grand mérite sur le plan de l'idéalisme, se pose d'emblée la question de ce que l'on doit entendre par là ».

Qu'on en juge à l'aune des textes de Kipling (lauréat en 1907), de Hamsun (en 1920), de Cela (en 1989), de Saramago (en 1998) ou de Jelinek (en 2004). L'auteur du *Livre de la jungle*, pour commencer par lui, est sans conteste l'un des maîtres du récit, mais à en croire George Orwell, il est aussi, avec cela, un « prophète de l'impérialisme britannique », peu susceptible de correspondre à ce que l'idéalisme européen, même vu de son temps, place au faîte de ses valeurs. L'auteur de *La Faim*, de *Mystères* et de *Pan*, lui, est déjà connu avant le Nobel pour ses recherches stylistiques et narratives, mais ses textes témoignent aussi d'un puissant appel à la sauvagerie, d'un retour à une forme de vie d'avant la civilisation, assez étrangers somme toute à ce qu'on prend pour le modèle de la culture européenne, pour ne rien dire de son orientation politique plus tardive. De son côté, l'auteur de *La Famille de Pascal Duarte* et de *La Ruche* est sans conteste salué pour ses techniques romanesques expérimentales, mais il a combattu du côté franquiste lors de la guerre civile en 1936 et travaillé comme censeur de presse en 1943 et 1944. Par ailleurs, si l'auteur du *Radeau de pierre*, de *L'Année de la mort de Ricardo Reis* et de *L'Évangile selon Jésus-Christ* a été récompensé par l'Académie pour son immense talent de conteur, il n'a jamais caché sa défiance face à la construction européenne, dont il déplore la dérive libérale, au point de passer pour l'un des écrivains contemporains les plus critiques de la culture européenne. Que dire enfin de l'auteur de *La Pianiste* et de *Lust*, extraordinaire romancière, mais dont la violence à l'égard de l'institution politico-culturelle (et pas uniquement autrichienne) répond évidemment assez mal à l'exigence d'« idéalisme » prônée dans le testament de Nobel.

Inversement, et toujours pour nuancer l'européanisme supposé du prix, il convient de rappeler ceux des écrivains engagés dans la défense de la culture européenne menacée et qui, malgré cette orientation, ont été écartés du prix. Hermann Broch, Stefan Zweig, Joseph Roth, Robert Musil, il n'est pas un texte d'eux publié pendant les années 1930 et 1940 qui ne fasse honneur à l'esprit européen et n'en appelle à sa sauvegarde. Est-il nécessaire de rappeler que c'est précisément le sujet central des *Irresponsables* comme celui de *L'Homme sans qualités* ? Leur réception immédiate, dès leur parution, et dans l'Europe entière, n'a rien salué de plus courageux, et de plus urgent, que ce combat-là. Karel Čapek, dans la Tchécoslovaquie des mêmes années, a été nommé sept fois pour le prix entre 1932 et 1938, et pour la même raison que ses contemporains autrichiens, en a été écarté. Comment mieux dire que le testament de Nobel, qui devait récompenser une œuvre pour les services rendus à l'humanité grâce à un « puissant idéal », a été, par aveuglement, ou qui sait peut-être aussi par faiblesse, un testament trahi ?

« Il n'y a pas d'équation entre la valeur littéraire et le Nobel », en a déduit Josepha Laroche de manière assez polémique. Un grand écrivain, reconnu comme tel, n'aurait donc pas vocation à briguer le prix, sa valeur propre valant pour elle-même. Davantage : le prix ne viendrait pas nécessairement couronner une œuvre qui illustrerait ou même défendrait l'idéal européen. On peut penser aujourd'hui à celle de Philippe Jaccottet, l'une des plus nourries pourtant de l'héritage européen et les plus à même, semble-t-il, d'en incarner la pérennité, et qui n'a pas été récompensée. À quoi François Comba a rétorqué, avec raison, que « de manière générale, les prix Nobel font preuve de bonne volonté et ne font pas tant d'erreurs que cela : sur 109 lauréats, on trouve une quarantaine de très grands noms » – ce qui, tout de même, donne la mesure d'une certaine injustice au regard de l'« esprit européen » en jeu dans le prix.

À reconsidérer néanmoins l'ensemble des lauréats européens du Nobel de littérature, si l'on ne peut faire abstraction des doutes et des critiques que l'on a soulignés, il reste qu'une partie essentielle d'entre eux l'ont été pour des raisons dont la légitimité n'est pas à mettre en cause.

Régulièrement, sans qu'il soit possible d'y trouver un rythme quelconque, le prix est venu distinguer un écrivain dont l'œuvre, explicitement, s'est voulue érigée à la louange des valeurs de l'« esprit européen ». Rolland (1915), Thomas Mann (1929), Hesse (1946), T. S. Eliot (1948), Salvatore Quasimodo (1959), Saint-John Perse (1960), Séféris (1963), Elias Canetti (1981) ou encore Tomas Tranströmer (2011), pour ne citer qu'eux, ont tous témoigné et écrit en faveur d'un idéal européen.

Qu'on en juge. L'auteur de *Jean-Christophe* et futur fondateur de la revue *Europe*, on le sait, avait été qualifié par Stefan Zweig de « conscience de l'Europe » : il suffit de se souvenir des textes d'*Au-dessus de la mêlée*, de l'incompréhension aussi dont ils ont été l'objet justement en raison de leur européanisme, pour s'en convaincre. Thomas Mann, lui, dix ans après la guerre, avait en bonne partie réussi à faire oublier la virulence anti-démocratique de ses *Considérations d'un apolitique* grâce à la publication de *La Montagne magique*, qui a été saluée par l'ensemble de la critique comme la somme romanesque de la culture européenne. Au sortir immédiat de la guerre, Hermann Hesse, naturalisé suisse, ne s'est pas rendu à la cérémonie d'attribution, se contentant d'y envoyer une brève déclaration ; mais il a rendu hommage au prix pour la reconnaissance ainsi affichée à la langue allemande : le prix visait bien entendu à marquer l'effondrement du national-socialisme en s'adressant à un écrivain germanophone moralement irréprochable et européen de toujours.

T. S. Eliot, à son tour, a reçu le prix non seulement pour son *Waste Land* et ses *Four Quartets*, mais aussi, et il est important d'en rappeler la portée, pour ses essais réunis en français sous le titre de *Notes pour une définition de la culture*, à la teneur résolument européenne. Quasimodo, de son côté, a été couronné bien sûr pour la vastitude de son œuvre poétique, de *Jour après jour* à *La Terre incomparable*, qui après Pirandello a fait connaître la Sicile à l'ensemble du monde littéraire, mais il l'a été aussi pour son immense travail de traducteur (d'Homère, de Sophocle, d'Euripide, de Catulle, etc.), qui replaçait les humanités au cœur de la culture européenne moderne. Saint-John Perse, enfin, dans son discours d'allocution au banquet Nobel en 1960, a placé lui aussi le destin du monde européen au centre de ses préoccupations de diplomate et de poète :

> Les pires bouleversements de l'histoire ne sont que rythmes saisonniers dans un plus vaste cycle d'enchaînements et de renouvellements. Et les Furies qui

> traversent la scène, torche haute, n'éclairent qu'un instant du très long thème en cours. Les civilisations mûrissantes ne meurent point des affres d'un automne, elles ne font que muer [...]. Qu'à tous [le poète] dise clairement le goût de vivre ce temps fort ! Car l'heure est grande et neuve, où se saisir à neuf.

Chaque fois, on le voit, le rappel de l'héritage de la culture européenne est fait, autant qu'est lancé un appel à un avenir apaisé du vieux continent. Cela ne veut pas dire, bien entendu, que tous les lauréats européens du Nobel auraient été des zélateurs inconditionnels du monde européen, de son histoire, de ses échecs, de ses failles. Nul peut-être plus que Séféris n'a souffert du désarroi moral et politique non seulement de son pays, mais de l'ensemble du vieux continent aussi, et nul non plus, comme en témoigne son allocution de réception, intitulée « Quelques points de la tradition grecque moderne » (où il a rappelé que « nous avons beaucoup de monstres à détruire »), n'a davantage montré son attachement à sa tradition culturelle. On pourrait faire une lecture similaire du rapport de Canetti à l'attribution du Nobel – Canetti dont la vie et l'œuvre sont comme l'incarnation de la réalité de l'Europe au XXe siècle dans ce qu'elle a à la fois dilapidé et tenté de sauvegarder.

À l'évidence, les définitions de l'« esprit européen » données par les écrivains européens ont évolué et, des uns aux autres, considérablement varié. L'Europe d'Auschwitz n'est pas celle de Sarajevo, celle de Verdun n'est pas celle de Tchernobyl. À l'évidence aussi, il n'a pas manqué d'écrivains européens pour dénoncer le lien, inacceptable selon eux, entre l'attribution du Nobel et la reconnaissance littéraire de leur œuvre. Un point commun pourtant paraît réunir les lauréats, indépendamment de leur *ethos* propre, de leurs choix stylistiques ou de leurs adhésions morales et politiques : la conscience d'une appartenance à un monde qui n'a jamais été aussi fragile, qui n'a jamais été aussi contesté aussi, que depuis la fondation du prix. Thomas Mann s'est d'abord élevé contre ce qui, à ses yeux, était le plus pur produit de l'Europe, la démocratie, qu'il a redoutée longtemps, avant de s'y rallier ; plus près de nous un autre Tomas, Tranströmer, lui aussi un immense écrivain, a dit les limites du mode de vie occidental, toujours aisé à fustiger, ses manquements, ses excès. Des uns aux autres c'est finalement un fil rouge que l'on découvre, et qui révèle peut-être avec le plus de justesse ce qu'il y a d'européen dans le prix Nobel de littérature : le souci constant, qu'on le veuille ou non, d'un idéal à partager.

Bibliographie

Comba, François, « Le Nobel de littérature : les dessous du prix », *lepoint.fr* , 11 octobre 2012.

Damrosch, David, *What is World Literature?*, Princeton/Oxford, Princeton University Press, 2003.

Espmark, Kjell, *The Nobel Prize in Literature. A Study of the Criteria behind the Choices* [*Det litterära Nobelpriset: principer och värderingar bakom besluten*, 1986], traduit du suédois vers l'anglais par Robin Fulton, Boston, G. K. Hall & Co, 1991.

Espmark, Kjell, « The Nobel Prize in Literature. Alfred Nobel's Will », *Nobelprize.org*, décembre 1999.

Feldman, Burton, *Nobel Prize. A History of Genius, Controversy and Prestige*, New York, Arcade Publishing, 2001.

Kulish, Nicholas, « Herta Müller Wins Nobel Prize in Literature », *New York Times*, 8 octobre 2009.

Laroche, Josepha, *Les Prix Nobel, sociologie d'une élite transnationale*, Montréal, Liber, 2012.

Pudlowski, Charlotte, « Qui sont les oubliés du Nobel ? », *Slate.fr*, 7 octobre 2012.

Katrin Bedenig

Thomas Mann as Nobel Prize Winner and his Way to European Thought

Abstract : Thomas Mann's Nobel Prize in 1929 was politically significant. In 1929, his work had become too European to remain free of resistance in nationalist circles. Then, during his exile in America, he broadened his European ideas to a global scale. The Nobel Prize as an international prize thus became an ideal medium for Thomas Mann to stand up for humanism and international understanding.

Keywords : Thomas Mann, humanism, German literature, nationalism, Europeanism.

Résumé : L'attribution du prix Nobel à Thomas Mann en 1929 a été politiquement significative. En 1929, son œuvre était devenue trop européenne pour ne pas soulever de résistance dans les milieux nationalistes. Puis, pendant son exil en Amérique, il élargit ses idées européennes à l'échelle mondiale. Le prix Nobel en tant que récompense internationale devint ainsi pour lui un moyen idéal de défendre l'humanisme et la fraternité internationale.

Mots-clés : Thomas Mann, humanisme, littérature allemande, nationalisme, européanisme.

Klaus Mann went on to transform the awarding of the Nobel Prize to his father into literature. In *Der Wendepunkt* he painted the following humorous scenes:

> For several years, the press pulled our legs with rumours of Nobel Prizes [...]. There were premature announcements, embarrassing congratulations. When the much predicted event did finally happen, my father merely raised his eyebrows : « Is it serious this time ? » [...] Mielein [Katia Mann] groaned [...]. « Do I need to show off a plunging neckline, as was compulsory under the Kaiser ? Who'd have thought the Nobel Prize would be fraught with so many problems ! » [...] My parents travelled to Stockholm to accept the prize [...] ; we children remained behind in Munich and listened to the dramatic report by the German correspondent, who was allowed to attend the ceremony, hidden behind a pillar. « The momentous moment is here ! » whispered the radio reporter from

> the Northern capital. He described the solemn process with a quiet, hoarse voice, a gasp with respectful excitement : « Thomas Mann's familiar tailcoated figure approaches the King... His Majesty reaches out his hand... » « Tailcoated figure » was too much for us ! We did not hear the rest of the report ; we were laughing so much[1].

Thomas Mann eventually won the Nobel Prize in 1929. Sure enough, for years there had been reports and speculation in the press[2]. His work all but seemed destined for a high accolade. His first novel, *Buddenbrooks*, had rapidly become an international success. He had published it in 1901 aged 26 with the renowned publisher S. Fischer Verlag and resisted the suggestion to cut the text by half. Ironically, almost three decades later, he received the Nobel Prize explicitly for *Buddenbrooks*[3], even though he had written three other novels by that stage : *Royal Highness*, *Confessions of Felix Krull, Confidence Man* and *The Magic Mountain.* The limitation of the Nobel Prize to *Buddenbrooks* can most likely be attributed to one member of the judging panel, Prof. Fredrik Böök, who had rejected *The Magic Mountain*[4] (published in 1924). As a result, another Nobel Prize for Thomas Mann's complete works was supposedly even contemplated in 1949[5].

The fact that Thomas Mann received the Nobel Prize « only » for his first novel *Buddenbrooks* may remain an oddity. However, it could also be linked to Thomas Mann's development from the National to the European and the International. In contrast to his brother, Heinrich

1 Klaus Mann, *Der Wendepunkt*, München, Ellermann, 1981, p. 244. The translations of the German quotes in this essay are suggestions from my side. I ask the readers for their indulgence.

2 See Anders Marell, « Schweden, Thomas Mann und der Nobelpreis », *Moderna Språk*, vol. 69, n° 2, 1975.

3 See Agneta Wallin Levinovitz and Nils Ringertz (ed.), *The Nobel Prize : The First 100 Years*, London, Imperial College Press, 2001, p. 139.

4 See George C. Schoolfield, « Thomas Mann und Fredrik Böök », in Klaus W. Jonas (ed.), *Deutsche Weltliteratur von Goethe bis Ingeborg Bachmann*, Tübingen, Niemeyer, 1972, p. 165 and p. 168 ; and Anders Marell, *op. cit.*, p. 148 and p. 150.

5 See Gunilla Bergsten, « Thomas Mann in Schweden », in Beatrix Bludau, Eckhard Heftrich and Helmut Koopmann (ed.), *Thomas Mann 1875–1975. Vorträge in München – Zürich – Lübeck*, Frankfurt/Main, S. Fischer, 1977, p. 432.

Mann, or Hermann Hesse, whom he revered, Thomas Mann had certainly not always been a Francophile or pro-European ; instead, he primarily worked through a German nationalist position during the First World War. This processing of a national position is documented in his work *Reflections of a Nonpolitical Man*[6], published in 1918. Given the horrors that European nationalism had led to, the work had essentially already become obsolete by the time it was published. It was not exactly a plea for the « European idea ». By the end of the First World War, however, Thomas Mann had thoroughly thought through the nationalist positions, and not just their narrowness, but especially their dangers. The risk of the retreat of intellectuals, artists and citizens to an « apolitical » position was now especially clear to Thomas Mann and from the 1920s he actively advocated the Republic, democracy and Europe and opposed the rising National Socialism. Precisely this development increasingly became a problem for him from a German perspective, and the hatred towards the « renegade » Thomas Mann from these quarters may have been even more intense than towards the famously pan-European authors Heinrich Mann and Hermann Hesse. Just imagine how perfectly the author of the Lübeck-based family story *Buddenbrooks*, this Northern German dynasty saga, could have slotted into a German nationalist and fascist environment and been used for propaganda purposes ! By the time *The Magic Mountain* was published, however, it was too late. Fredrik Böök, a member of the Nobel Prize committee's judging panel, also published a negative review of *The Magic Mountain*, evidently not purely on literary grounds[7]. The book reflects an international sanatorium society, discusses the modern trends of the time and ends with complete disillusionment regarding the course of the conflict for the individual soldier in the First World War. For Fredrik Böök, who increasingly aligned himself with pro-German and fascist ideology, Thomas Mann's development since *Buddenbrooks* had

6 See Thomas Mann, *Betrachtungen eines Unpolitischen*, ed. by Hermann Kurzke (*Große kommentierte Frankfurter Ausgabe*, vol. 13), Frankfurt/Main, S. Fischer, 2009.

7 See Fredrik Böök, « Thomas Manns nya roman », *Svenska Dagbladet*, 25 August 1925 ; and Michael Neumann, « Rezeptionsgeschichte », in Thomas Mann, *Der Zauberberg*, ed. by Michael Neumann (*Große kommentierte Frankfurter Ausgabe*, vol. 5.2), Frankfurt/Main, S. Fischer, 2002, p. 120.

evidently come as a disappointment[8]. Thus, the 1929 Nobel Prize winner was contentious from a literary policy perspective for at least one member of the judging panel[9].

But back to his literary work. In 1912 Thomas Mann published the novella *Death in Venice*. By this time, he was 37 years of age. The very first sentence already tells us that the main character, Gustav Aschenbach, has been ennobled at the age of 50 in recognition of his longstanding literary achievements[10]. He has now reached a form of « mastery » in his field – « [b]ut while the nation honoured it, he himself was not content[11] », because he had paid the price to achieve this « mastery » with his life : « […] From childhood he was pushed to perform on every side […], and so his young days never knew idleness […]. […] [H]is favourite word was "endure[12]" ». In his youth, Aschenbach had also been « problematic […] like any young man », even « failed publicly, had made mistakes, compromised himself[13] ». Nevertheless, he had ultimately achieved « mastery and classicism[14] ». By the clue that Gustav von Aschenbach has already been adopted in school textbooks[15], we start to suspect that we might be dealing with a future Nobel Prize winner. However, this is merely the starting point for the first and second chapters of *Death in Venice*. The remainder of the story does not reflect a glorious development, but rather the tragic dismantling of the main protagonist. Nonetheless – or perhaps precisely because of this – there is a direct link between Gustav von Aschenbach's portrayal in *Death in Venice* and the awarding of the Nobel Prize to Thomas Mann. Already in 1912, the narrator makes use of the character of Saint Sebastian to illustrate Gustav von Aschenbach's demeanour :

---

8 See George C. Schoolfield, *op. cit.*, p. 165–168.
9 *Ibid.*, p. 173–184.
10 See Thomas Mann, *Gesammelte Werke in dreizehn Bänden, zweite, durchgesehene Auflage*, Frankfurt/Main, S. Fischer, 1974 (cited below as GW), GW VIII, p. 444.
11 *Ibid.*, p. 449.
12 *Ibid.*, p. 451.
13 *Ibid.*, p. 454.
14 *Ibid.*, p. 455.
15 *Ibid.*, p. 456.

> For demeanour in fate, grace in suffering does not just mean sufferance ; it is an active achievement, a positive triumph, and Sebastian's form is the most beautiful symbol, if not of art in general, then certainly of the art of storytelling[16].

Seventeen years later, the by then 54-years-old Thomas Mann gave thanks for the Nobel Prize with the following words :

> I'm not a Catholic, ladies and gentlemen [...]. But I do have a favourite saint. I will tell you his name. It is Saint Sebastian – that young man at the stake, pierced by swords and arrows from all sides, and who smiles amidst his agony. Grace in suffering – that is the heroism that Saint Sebastian symbolises[17].

Much can surely be interpreted from this character – about art and the artist in themselves, about Thomas Mann's understanding of art and his self-image as an artist, or about his relationship to Germany and German art – for he dedicated his Nobel Prize to precisely these two things, Germany and German art, in 1929. Only three years later, in 1933, he was forced into exile by representatives of Germany and German art. From the art elite of Munich, Thomas Mann experienced « lifelong denunciation [...] and national excommunication via *Protest der Wagner-Stadt München* [...]. It meant [his] expulsion[18]. » Moreover, had he followed the « official instructions » to « return to Germany » or face being « stripped of his German citizenship and having his assets confiscated » if he failed to do so, not only would he have placed himself in grave danger, but also in particular his Jewish wife, his children and his brother Heinrich, who had already been rejected by the National Socialist regime[19]. The awarding of the Nobel Prize to Thomas Mann probably became a political issue more rapidly and sustainably than could have been anticipated after all those years of humorous allusions to a possible accolade for the German. While the final two chapters of *The Magic Mountain* drew attention to the atmosphere in the lead-up to and immediately after the outbreak of the First World War with titles such as « Hysterica Passio » and « The Thunderbolt », for himself the awarding of the Nobel Prize already took place in an environment of « major » social and political « hysteria » and was

16 GW VIII, p. 453.
17 « Rede in Stockholm zur Verleihung des Nobel-Preises », GW XI, p. 409.
18 « Ich kann dem Befehl nicht gehorchen », GW XIII, p. 94.
19 *Ibid.*

followed by his own personal « thunderbolt » in the form of exile in 1933 before the outbreak of the Second World War.

In 1929 Thomas Mann had wanted to refer his Nobel Prize, still as an international « world prize », to the « German spirit » rather than to himself and hoped the accolade would also represent a « symbol of world sympathy » for his homeland, which had been marked by turmoil[20]. He also appealed to « the European principle » of « form » for « form is a European point of honour[21] ! » As an internationally acclaimed vehicle of German culture, he finally mentioned Goethe in his Acceptance Speech to the Nobel Prize committee[22] ; shortly afterwards he would have to defend the author against National Socialist monopolisation in Goethe's anniversary year in 1932. Against the fascist « misuse and distortion of the Goethe year[23] », he cited Goethe as an example of « internationality[24] ». Just as Goethe had opened up his town Weimar to the world as a « cosmopolitan », Thomas Mann encouraged the hope for European spirit amidst the general « hysteria » shortly before the definitive Nazification of his town Munich :

> Munich as a refuge for that very freedom and cheerfulness that prevails over the darkening and diseased fanaticisms of our time in the word art, Munich as home to a German-European classicism – is that a dream[25] ?

Shortly before Hitler eventually seized power once and for all, sure enough this was to remain a « dream ».

In another « Goethe study » from this anniversary year, Thomas Mann – in contrast to his own earlier *Reflections of a Nonpolitical Man* – coined the following motto based on Goethe's example :

> One cannot be apolitical, just anti-political, [...] Goethe, the German cosmopolitan, behaved with coolness and disdain towards [nationalism], even though the National had as much historical justification in 1813[26].

---

20 « Rede in Stockholm zur Verleihung des Nobel-Preises », GW XI, p. 409.
21 *Ibid.*
22 *Ibid.*, p. 408.
23 « München und das Weltdeutsche. Nachwort zum Goethejahr 1932 », GW X, p. 911.
24 *Ibid.*, p. 912.
25 *Ibid.*, p. 913.
26 « An die japanische Jugend. Eine Goethe-Studie », GW IX, p. 288.

As the threat to culture and Europe became increasingly clear, Thomas Mann used Goethe to stress the term of « good Europeanness », almost with the power of desperation[27].

In the aftermath of Hitler's seizing of power, Thomas and Katia Mann's exile in Switzerland began swiftly and unplanned in March 1933. His Nobel Prize did not protect him from « national excommunication[28] » in the *Protest der Richard-Wagner-Stadt München*, expulsion from the « Münchner Sektion des Internationalen Rotary-Clubs[29] » and the revocation of his honorary doctorate from the University of Bonn[30], either. The National Socialist regime merely delayed the revocation of his German citizenship until after the 1936 Olympic Games had ended to avoid any harm to its reputation on the international stage[31]. Thomas Mann, on the other hand, issued an urgent appeal to Europe from exile in Switzerland. He penned a speech for the *League of Nations* « Comité International pour la Coopération Intellectuelle » conference, which took place in Nice from 1 to 3 April 1935, with the programmatic title : « Achtung, Europa[32] ! » (*i.e.* « A Warning to Europe »). As the *League of Nations* in Geneva advised him to soften his text and his publisher Gottfried Bermann Fischer even urged him to do so, Thomas Mann did not attend the conference in person, having his text read out in French instead[33]. The speech was first published translated into French the very same year[34]. In the piece, Thomas Mann analyses the seduction and sedition of the masses as doubly dangerous :

27 *Ibid.*, p. 286.

28 « Ich kann dem Befehl nicht gehorchen », GW XIII, p. 94.

29 *Ibid.*

30 See Thomas Mann, *Ein Briefwechsel*, Zürich, Oprecht, 1937.

31 See Paul Egon Hübinger, *Thomas Mann, die Universität Bonn und die Zeitgeschichte*, Munich/Vienna, Oldenbourg, 1974, p. 502, p. 528, p. 531 and p. 534.

32 See GW XII, p. 766–779.

33 See Gert Heine and Paul Schommer, *Thomas Mann Chronik*, Frankfurt/Main, Klostermann, 2004, p. 279 ; Georg Potempa, *Thomas Mann-Bibliographie. Das Werk*, published with assistance of Gert Heine, Morsum/Sylt, Cicero Presse, 1992, G 589, p. 416.

34 Thomas Mann, « Communication », in *Entretiens. La Formation de l'homme moderne*, Paris, Société des Nations, Institut International de la Coopération Intellectuelle, 1935, p. 12–21 ; for a German version, see Georg Potempa, *op. cit.*, G 589.1.

> If only they were primitive, these modern masses, […] we could handle them. […] The spirit of the mass […] [however] speaks the jargon of Romanticism ; it talks about « People », « Earth and Blood », no end of old, pious things […]. The result is a mendacious […] triumphal mixture ; it characterises and defines our world[35].

For him, the main problem laid in the fact that the new mass movements had recognised the

> epochal dethronement of spirit and reason, which had taken place in upper sphere […]. Many things which the stricter humanity of the 19th century would not have permitted were possible again […] – and all this was not perceived by many members of the intelligentsia […] as cultural impoverishment, but mythicised as a rebirth of deep life forces and an honourable populace[36].

A rally had already « cheered the *abolition of human rights* full of pathological delight[37] » : « What the result will be is absolutely clear and certain. It will be war, a comprehensive catastrophe, the downfall of civilisation[38]. » However, Thomas Mann primarily blamed the « weaknesses of the older, educated world […]. Intimidated […] it vacates position after position[39]. » In other words, he did not attribute the main responsibility to the so-called « masses », but rather to his own ilk. Consequently, he endeavoured to call people to act and resist before all was lost. After all, this is how he concluded the speech « Achtung, Europa ! » : « If European humanism has become incapable of a militant rebirth of its ideas, […] it will perish ; there will be a Europe that will continue historically in name only[40] […]. »

On 3 February 1936, one year after his « Europe » speech, Thomas Mann publicly refuted the Nazi regime in a newspaper article in the *Neue Zürcher Zeitung* and declared his solidarity with the remaining representatives of the emigration[41]. On 11 July, *Göteborg Handels-och Sjöfarts-Tidning* published Thomas Mann's appeal to the Nobel Prize committee to award the Nobel Peace Prize to German author and peace activist Carl von

35 « Achtung, Europa ! », GW XII, p. 772.
36 *Ibid.*, p. 774.
37 *Ibid.*, p. 776.
38 *Ibid.*, p. 778.
39 *Ibid.*
40 *Ibid.*, p. 779.
41 Thomas Mann, « Ein Brief von Thomas Mann », *Neue Zürcher Zeitung*, nº 157/193, 3 February 1936, Evening Issue, p. 1 (GW XI, p. 788–793).

Ossietzky, who had been interned by the National Socialists in a concentration camp and severely mistreated, under the title « Nobelpriset och Carl von Ossietzky[42] ». In this context, Thomas Mann emphasised the political character of the Nobel Peace Prize and stressed its importance for « peace among nations » : « [...] the awarding of this prize is inevitably and in every way a political act » ; by its very nature, it is a « manifestation of the political idea in which politics and morality are united, the idea of peace among nations and its victorious or suffering pioneers[43] ».

Sure enough, Carl von Ossietzky was awarded the Nobel Peace Prize at the end of 1936 retroactively for 1935. However, he died from the consequences of torture and illness in 1938. Hitler reacted to the awarding of the prize to Ossietzky by banning any citizen of the German Reich from accepting a Nobel Prize[44]. The Swedish newspaper *Dagens Nyheter* asked Thomas Mann for a statement, which to date has only been published here and in Swedish : under the editorial title « The act of revenge leads to cultural isolation. The intellectual community persists, however. Thomas Mann : spiritual poverty obstacle enough for a prize to Germany. Increasing destruction[45] », Thomas Mann declares the decision of the German regime literally an « act of vengeance » for « awarding the Nobel Peace

42 First published in Sweden : Thomas Mann, « Nobelpriset och Carl von Ossietzky », *Göteborgs Handels- och Sjöfartstidning*, 11 July 1936, n° 105/158 A, p. 3 (see Georg Potempa, *Thomas Mann-Bibliographie : Übersetzungen – Interviews*, Morsum/Sylt, Cicero Presse, 1997, p. 1225, T 1740). In German, see « An das Nobel-Friedenspreis-Comité, Oslo », GW XII, p. 779–783.

43 GW XII, p. 780. In a later text from 1944, Thomas Mann praised the importance of Carl von Ossietzky : « If there had been more, if there had been enough people in Germany as brave and of such persuasiveness as Carl von Ossietzky, the catastrophe to which the unfortunate republic not knowingly headed to, but the Nazi regime deliberately and culpably headed to, could have been avoided. » (« Dem Andenken Carl von Ossietzkys », GW XII, p. 940.)

44 See Elke Suhr, *Carl von Ossietzky. Eine Biographie*, Köln, Kiepenheuer & Witsch, 1988, p. 245 (« Führererlaß », 17 November 1936).

45 « Hämndeakten medför kulturell isolering. Andens samfund består likväl. Thomas Mann : Själsarmodet hinder nog för pris till Tyskland. VÄXANDE FÖRÖDELSE ». Thanks to Helen Stauffer-Johansson for translating from Swedish. The article appeared under this title in *Dagens Nyheter*, Stockholm, 4 February 1937.

Prize to a victim of the regime » and expresses his conviction that this act would drive Germany even further into cultural isolation, but that it would not succeed in extinguishing the free – « liberalist » – intention altogether[46]. As Thomas Mann's surviving manuscript states : « The world is big ; an intellectual society can also survive despite Germany's temporary social ineptitude[47]. »

After the annexation of Austria, Thomas Mann left Switzerland for the USA in 1938. After losing his German nationality, he had become a citizen of Czechoslovakia and was eventually due to take US citizenship in 1944. In the USA, Thomas Mann continued his fight against National Socialism and for the freedom of democracies. During the Second World War, Bertolt Brecht once rebuked him severely for his unwavering stance regarding Germany. In a poem, Brecht accused him of supporting Allied plans to suppress Germany in the long term after the war. Brecht's poem was entitled « When the Nobel Prize Winner Thomas Mann granted the Americans and the English the right to punish the German people for ten long years for the crimes of Hitler's regime[48] ». During their lifetime, the relationship between Bertolt Brecht and Thomas Mann was a difficult one, and there was repeatedly animosity within the emigrant scene. Due to his literary, political and economic success in the USA, Thomas Mann probably also caused increased irritation. Without being able to go into Brecht's poem in depth at this stage, it can be mentioned as both an example of a particular Nobel Prize polemic and Thomas Mann's development of his political positions during the Second World War. In the bitter disappointment over

---

46 *Ibid.* Thanks to Helen Stauffer-Johansson for translating from Swedish.

47 Thomas Mann's manuscript is overwritten : « To the editors of Dagens Nyheter, Stockholm ». It can be viewed in the Thomas Mann archives : See Mp VI 79. See Hans Bürgin and Hans-Otto Mayer (ed.), *Die Briefe Thomas Manns. Regesten und Register*, vol. 2, Frankfurt/Main, S. Fischer, 1980, n° 37/28, p. 149.

48 Bertolt Brecht, *Gesammelte Werke*, vol. X, Frankfurt/Main, Suhrkamp, 1967, p. 871–873. See in detail Herbert Lehnert, « Bert Brecht und Thomas Mann im Streit über Deutschland », in John M. Spalek and Joseph Strelka (ed.), *Deutsche Exilliteratur seit 1933*, vol. 1, Bern, Francke, 1976, p. 81. As regards the political context, see Helmut Koopmann, « Bertolt Brecht und Thomas Mann : eine repräsentative Gegnerschaft. Spuren einer dauerhaften, aber nicht sehr haltbaren Beziehung », in *Thomas Mann. Studien, statt einer Biographie*, Würzburg, Königshausen & Neumann, 2016.

the German catastrophe, there are relentless passages in Thomas Mann's BBC broadcasts « Deutsche Hörer ! » (*i.e.* « German listeners ! »). His numerous speeches to US audiences and countless newspaper interviews in which he took a stance against Hitler's atrocities are often harsh towards Germany, but also contain self-blame. Regarded as a long line, Thomas Mann continues the line he had begun in these years, however, and develops a European idea based on humanism. One even gets the impression that the more inhumane the war reports became, the more heavily Thomas Mann's appeals were geared towards « humanism » and « humanity ».

This proved particularly impressive in the English address at the Library of Congress in Washington on 17 November 1942. In his introduction to the topic of the « Joseph » novels, Thomas Mann issued a plea for a new humanist world order and a peaceful reconstruction in loving compassion, which was particularly emphatic in English :

> I believe, Ladies and Gentlemen, that the sufferings and stirring adventures, through which humanity has been going now for decades, will bring forth a new, deepened feeling of humanity, indeed a new HUMANISM, remote from all shallow optimism, but full of sympathy, which will be only too necessary for the work of reconstruction that will confront us after the tremendous moral and material devastations, after the collapse of the accustomed world. In order to build up, or at least lay the foundations for the new, better, happier and more social world, freed from unnecessary suffering, which we want our children and grandchildren to have, the City of Man, as I should like to call it, we will need a binding and all-determining basic pathos, guiding us all the way to detailed and practical matters ; we will need sympathy for it, and love[49].

In his « Address at the Nobel Anniversary Dinner » on 10 December 1942, which was read out by Erika Mann, Thomas Mann began by stressing the internationality of the Nobel Prize itself and finished with an appeal to the Anglo-Saxon nations and Russia not to compete against but with each other after the war :

> For the prize that is conferred by Sweden is not, indeed, a Swedish prize, but a world prize ; the public opinion of the entire civilized world, and especially that of America, takes part in the choice of the winner. [...] [One wish of mine is]

49 Thomas Mann, « The Theme of the Joseph Novels », in Don Heinrich Tolzmann (ed.), *Thomas Mann's Addresses Delivered at the Library of Congress*, Oxford/Bern/Berlin, Peter Lang, 2003, p. 7. See the German version in GW XI, p. 654–669.

> that the military alliance between the Anglo-Saxon nations and the great Russian people [...] should continue to exist after the war as a peace alliance [...]. All hope depends upon an accord between democracy and socialism [...]. Only their reconciliation can bring mankind what it needs and what the peoples of the world long for : peace, freedom and justice[50].

Interestingly, at a Nobel Prize anniversary event, Thomas Mann thus combined the idea of the aspect of the Nobel Prize that unites the world and nations with a call against fresh polarisation, which unfortunately became a reality after the Second World War in the form of the Cold War.

Still in the middle of the Second World War, on 29 January 1943, the BBC broadcasted a radio address by Thomas Mann from London to the « European Listeners ». In it, he endeavoured to formulate and defend the European idea and keep up the hope of a free Europe and a free international world :

> To me [...] the idea of European unity was dear and precious. It was the opposite of provincial narrowness, petty egotism, nationalist brutality and boorishness. It meant freedom, spaciousness, spirit and kindness. Now the great idea of Europe has been perverted and defiled in a horrible way. [...] We wanted Germany to become European. Hitler wants to make Europe German and not only Europe. [...] You must know, European listeners, that the whole world which still believes in freedom and human dignity suffers with you and that it will not tolerate this gruesome European « New Order » nor permit it to continue. Maintain your steadfastness and patience. The true Europe will be created by you yourselves with the help of the powers of freedom. It will be a federation of free states with equal rights able to cultivate their spiritual independence, their traditional cultures, subject at the same time to a common law of reason and morality, a European federation in the larger frame of economic cooperation of the civilized nations of the world[51].

Here, he almost foresees Churchill's great post-war speech in Zurich on 19 September 1946 – « Let Europe arise ! » –, envisioning the European Union and the United Nations.

On 29 May 1945, just after the end of the European part of the Second World War, Thomas Mann gave another major speech in the Library of Congress in Washington : « Germany and the Germans[52] ». Here, he

---

50 « The Prize of Peace », GW XIII, p. 733 and p. 735.

51 « European Listeners! », GW XIII, p. 747.

52 « Germany and the Germans », in Don Heinrich Tolzmann (ed.), *op. cit.*, p. 47–66. For the German version, see GW XI, p. 1126–1148.

sought explanations for the terrible things that had happened. He saw a fundamental problem where the « idea of liberty turns into barbarism, because it is only directed outward, against Europe[53] ». At the end of his speech, he begged for forgiveness for Germany. In Washington, this plea for forgiveness and mercy could have been understood as an appeal to accept Germany back into the international community of nations : « In the end the German misfortune is only the paradigm of the tragedy of human life. And the grace that Germany so sorely needs, my friends, all of us need it[54]. »

In his post-war speech on 10 June 1947 to students in Zurich, Thomas Mann stressed, much like in his address at the Library of Congress in Washington on 17 November 1942, the necessity for a « new humanism[55] ». Above all, however, he warned against any form of totalitarianism, whether it be « fascism » or « communism[56] ».

When Thomas Mann recalled the contemporary history he had experienced in 1950 in a presentation entitled « Meine Zeit[57] » (*i.e.* « The Years of My Life »), he clearly acknowledged the errors of his national stance in *Reflections of a Nonpolitical Man* : « The "backward-looking fixations" [...] made me a reactionary[58] ». However, the « antihumanism » of his time had made it clear to him that « humanity had to be defended[59] ». In this respect, in his speech in 1950 Thomas Mann also took a clear stance against the polarisation of the Cold War : « America and Russia, [...] does one really need to beat the other [...] ? [...] [T]he hydrogen bomb [...] leaves nothing behind, no treasure worth protecting, not even democracy[60]. »

The same year, Thomas Mann wrote a message for the 50th anniversary of the Nobel Prize institution. In it, he primarily stresses the « global cultural importance » of the Nobel Prize :

---

53 *Ibid.*, p. 57.
54 *Ibid.*, p. 66.
55 « Ansprache an die Zürcher Studentenschaft », GW X, p. 370.
56 *Ibid.*, p. 368.
57 « Meine Zeit », GW XI, p. 302–324.
58 *Ibid.*, p. 313.
59 *Ibid.*, p. 314.
60 *Ibid.*, p. 321.

> In virtually every country, there are foundations to honour and promote science and art, but the adjudication of them all is national in scope. Only the administrators of the Nobel Prize are obliged to look universally[61].

Regarding the contemporary history he himself had experienced and looking back on the two world wars, Thomas Mann notes in 1950 : « It is true that the judges [...] have overlooked certain greats [...]. But one can say that [the Nobel Prize committee] never made a choice that humanity's cultural conscience would not have agreed to[62]. »

One choice for the Nobel Prize in Literature whom Thomas Mann supported for years as regards the committee was eventually made after the Second World War: Hermann Hesse was awarded the Nobel Prize in Literature in 1946[63]. His own brother Heinrich Mann never won the Nobel Prize. Back in 1921, when rumours were rife that Thomas Mann had been earmarked for the Nobel Prize, the author of *Buddenbrooks* had noted in his diary : « I would wish that this prize would not exist. For if I receive it, it will mean that it would have come to H[einrich], and if he wins it, I will suffer. The nicest would be if we shared it. But this thought, I fear, is too fine for the adjudicators[64]. »

---

61 « Botschaft an die Jubiläumsveranstaltung des Nobelpreis-Institutes in Stockholm 1950 », in Klaus Matthias, *Thomas Mann und Skandinavien, mit 2 Aufsätzen von Thomas Mann und 4 Faksimile-Seiten*, Lübeck, Schmidt-Römhild, 1969, p. 48.

62 *Ibid.*

63 Thomas Mann congratulated him on 18 November 1946 with the following telegram: « Finally the gentlemen in Stockholm happened to join my ten years old idea. Congratulations ». In *Hermann Hesse – Thomas Mann : Briefwechsel*, ed. by Anni Carlsson and Volker Michels, Frankfurt/Main, Fischer Taschenbuch, 2007, p. 221. Examples of Thomas Mann's commitment to Hermann Hesse in the letters to Fredrik Böök dated 22 January 1933, 4 February 1934 and 18 July 1934, in *ibid.*, p. 336–338. That Thomas Mann had turned straight to Böök in support of Hermann Hesse, not knowing of Fredrik Böök's political attitude, was probably not conducive. See George C. Schoolfield, *op. cit.*, p. 172–178 and p. 184. Hermann Hesse brought the Nobel Prize in Literature back to Switzerland for the first time since Carl Spitteler (1919). See Burton Feldman, *Nobel Prize. A History of Genius, Controversy and Prestige*, New York, Arcade Publishing, 2001, p. 100.

64 Diary entry 21 May 1921 in Thomas Mann, *Tagebücher 1918–1921*, ed. by Peter de Mendelssohn, Frankfurt/Main, S. Fischer, 1979, p. 521.

And towards the end of his life, one year before Heinrich Mann's death, Thomas Mann wrote about his brother's literary brilliance full of admiration in his diary : « How fortunate the joint Nobel Prize would have been[65] ! »

Eventually, however, Thomas Mann had tried to advocate the pro-European path that Hermann Hesse and his brother Heinrich had already taken long before him as emphatically as he possibly could. By the time of his exile in America, Thomas Mann had broadened his European ideas to a global scale. The final literary text that Thomas Mann wrote before his death is a wonderful example of the opening-up of his understanding of the world to world literature and understanding among nations : the foreword to the new series *Die schönsten Erzählungen der Welt*[66] (*i.e. The Most Beautiful Stories in the World*). Thomas Mann completed this text on 21 July 1955 on the Dutch coast in Noordwijk aan Zee, before falling ill the following day, an illness from which he would never recover. A « global storybook[67] » stands at the end of Thomas Mann's life. And in it he defends the global idea with the following words :

> No half-decent person in any country believes nowadays that any problem, whether it be a political, economic or generally spiritual one, can be solved with pure nationalism. It is about the totality of humanity today, its ethos, even its existence ; the « farthest participation » is not just what is desired from an educational point of view ; it is life's essentials, and faced with an international situation as horrifically perilous as the present, every intellectual endeavour that serves the idea of the universal is to be greeted happily and gratefully[68].

Bibliography

Bergsten, Gunilla, « Thomas Mann in Schweden », in Beatrix Bludau, Eckhard Heftrich and Helmut Koopmann (ed.), *Thomas Mann*

---

65 Diary entry 9 June 1949 in Thomas Mann, *Tagebücher 1949–1950*, ed. by Inge Jens, Frankfurt/Main, S. Fischer, 1991, p. 66.

66 See « Die schönsten Erzählungen der Welt. Geleitwort », GW X, p. 829–834. This last literary manuscript was only followed by individual diary entries and letters.

67 *Ibid.*, p. 831.

68 *Ibid.*

1875–1975. Vorträge in München – Zürich – Lübeck, Frankfurt/Main, S. Fischer, 1977.

Böök, Fredrik, « Thomas Manns nya roman », *Svenska Dagbladet*, 25 August 1925.

Brecht, Bertolt, *Gesammelte Werke*, vol. X, Frankfurt/Main, Suhrkamp, 1967.

Bürgin, Hans and Mayer, Hans-Otto (ed.), *Die Briefe Thomas Manns. Regesten und Register*, vol. 2, Frankfurt/Main, S. Fischer, 1980.

Feldman, Burton, *Nobel Prize. A History of Genius, Controversy and Prestige*, New York, Arcade Publishing, 2001.

Heine, Gert and Schommer, Paul, *Thomas Mann Chronik*, Frankfurt/Main, Klostermann, 2004.

Hesse, Hermann and Mann, Thomas, *Briefwechsel*, ed. by Anni Carlsson and Volker Michels, Frankfurt/Main, Fischer Taschenbuch, 2007.

Hübinger, Paul Egon, *Thomas Mann, die Universität Bonn und die Zeitgeschichte*, Munich/Vienna, Oldenbourg, 1974.

Lehnert, Herbert, « Bert Brecht und Thomas Mann im Streit über Deutschland », in John M. Spalek and Joseph Strelka (ed.), *Deutsche Exilliteratur seit 1933*, vol. 1, Bern, Francke, 1976.

Koopmann, Helmut, « Bertolt Brecht und Thomas Mann : eine repräsentative Gegnerschaft. Spuren einer dauerhaften, aber nicht sehr haltbaren Beziehung », in *Thomas Mann. Studien, statt einer Biographie*, Würzburg, Königshausen & Neumann, 2016.

Mann, Klaus, *Der Wendepunkt*, München, Ellermann, 1981.

Mann, Thomas, « Communication », in *Entretiens. La Formation de l'homme moderne*, Paris, Société des Nations, Institut International de la Coopération Intellectuelle, 1935.

Mann, Thomas, « Ein Brief von Thomas Mann », *Neue Zürcher Zeitung*, n° 157/193, 3 February 1936, Evening Issue.

Mann, Thomas, « Nobelpriset och Carl von Ossietzky », *Göteborgs Handels- och Sjöfartstidning*, 11 July 1936, n° 105/158 A.

Mann, Thomas, *Ein Briefwechsel*, Zürich, Oprecht, 1937.

Mann, Thomas, *Gesammelte Werke in dreizehn Bänden, zweite, durchgesehene Auflage*, Frankfurt/Main, S. Fischer, 1974.

Mann, Thomas, *Tagebücher 1918–1921*, ed. by Peter de Mendelssohn, Frankfurt/Main, S. Fischer, 1979.

Mann, Thomas, *Tagebücher 1949–1950*, ed. by Inge Jens, Frankfurt/Main, S. Fischer, 1991.

Mann, Thomas, « The Theme of the Joseph Novels », in Don Heinrich Tolzmann (ed.), *Thomas Mann's Addresses Delivered at the Library of Congress*, Oxford/Bern/Berlin, Peter Lang, 2003.

Mann, Thomas, *Betrachtungen eines Unpolitischen*, ed. by Hermann Kurzke (*Große kommentierte Frankfurter Ausgabe*, vol. 13), Frankfurt/Main, S. Fischer, 2009.

Marell, Anders, « Schweden, Thomas Mann und der Nobelpreis », *Moderna Språk*, vol. 69, n° 2, 1975.

Matthias, Klaus, *Thomas Mann und Skandinavien, mit 2 Aufsätzen von Thomas Mann und 4 Faksimile-Seiten*, Lübeck, Schmidt-Römhild, 1969.

Neumann, Michael, « Rezeptionsgeschichte », in Thomas Mann, *Der Zauberberg*, ed. by Michael Neumann (*Große kommentierte Frankfurter Ausgabe*, vol. 5.2), Frankfurt/Main, S. Fischer, 2002.

Potempa, Georg, *Thomas Mann-Bibliographie. Das Werk*, published with assistance of Gert Heine, Morsum/Sylt, Cicero Presse, 1992.

Potempa, Georg, *Thomas Mann-Bibliographie: Übersetzungen – Interviews*, Morsum/Sylt, Cicero Presse, 1997.

Schoolfield, George C., « Thomas Mann und Fredrik Böök », in Klaus W. Jonas (ed.), *Deutsche Weltliteratur von Goethe bis Ingeborg Bachmann*, Tübingen, Niemeyer, 1972.

Suhr, Elke, *Carl von Ossietzky. Eine Biographie*, Köln, Kiepenheuer & Witsch, 1988.

Wallin Levinovitz, Agneta and Ringertz, Nils (ed.), *The Nobel Prize : The First 100 Years*, London, Imperial College Press, 2001.

Régine Battiston

Hermann Hesse et l'idée d'Europe

Résumé : L'intérêt de Hermann Hesse, prix Nobel de littérature en 1946, pour l'Europe s'est développé à travers les vicissitudes de la Première Guerre mondiale, par son refus de la guerre, son engagement pour les prisonniers allemands et son horreur viscérale de la violence. Mais, malgré l'engagement de ses amis et ses propres convictions, sa pensée reste ancrée dans le domaine de la littérature plus que dans celui du combat ou de la résistance.

Mots-clés : Hermann Hesse, Première Guerre mondiale, littérature, engagement, résistance.

Abstract : The interest of Hermann Hesse, winner of the Nobel Prize for Literature in 1946, in Europe developed through the vicissitudes of the First World War, through his rejection of war, his commitment to German prisoners and his visceral horror of violence. However, despite the commitment of his friends and his own convictions, his thinking remains rooted in the field of literature more than in that of combat or resistance.

Keywords : Hermann Hesse, World War I, literature, commitment, resistance.

Hermann Hesse est l'écrivain de langue allemande le plus lu en France et dans le monde – il a été traduit dans plus de 50 langues. Son œuvre pléthorique tient en allemand en 21 volumes, plus 4 volumes de correspondance (la moitié de ses lettres n'ayant pas encore été publiées). En français, seules les œuvres majeures ont été traduites, dont les grands romans et les nouvelles les plus célèbres – à quoi il faut ajouter une petite partie de ses poèmes et sa correspondance avec Thomas Mann[1] et avec Romain Rolland[2]. En plus de son œuvre littéraire foisonnante, Hesse a en

1 Voir Hermann Hesse et Thomas Mann, *Correspondance*, traduit de l'allemand par Jacques Duvernet, Paris, José Corti, 1997.

2 Voir Hermann Hesse et Romain Rolland, *D'une rive à l'autre : correspondance*, Paris, Albin Michel, 1972.

outre entretenu une correspondance personnelle très abondante, souvent illustrée par de petits motifs au crayon ou à l'aquarelle[3].

La critique, lorsqu'elle lui est favorable, le range dans les auteurs humanistes qui parlent à la psychologie des profondeurs de chacun. Lorsqu'elle lui est un peu moins favorable, elle le traite de doux rêveur ou d'éternel adolescent révolté, quand ce n'est pas d'écrivain de seconde zone, bon à faire rêver les jeunes filles en fleurs, et dont la littérature relève du niveau de celle du hall de gare.

Celui à qui on a décerné en 1946 le prix Nobel de littérature pour son roman majeur *Le Jeu des perles de verre* (*Das Glasperlenspiel*[4]), et qui se vit décerner la même année le prestigieux prix Goethe, a obtenu le soutien d'André Gide et de Thomas Mann. Il avait auparavant déjà noué une amitié épistolaire avec Romain Rolland.

Les débuts de l'œuvre de Hermann Hesse sont empreints de poésie post-romantique et de références personnelles. Les romans *Peter Camenzind* (1904) et *Sous la roue* (*Unterm Rad*, 1906, retraduit récemment sous le titre *L'Ornière*, métaphore qui ne correspond ni au titre allemand ni à l'intention de l'auteur) sont représentatifs de considérations personnelles liées à son enfance et son adolescence difficiles. Le succès littéraire est tôt au rendez-vous et lui permet de vivre de sa plume. Retiré à la campagne à Gaienhofen en Allemagne au bord du lac de Constance, puis à Berne, avec sa première épouse et leurs trois fils, il mène une vie très proche de la nature, à la recherche de son moi et de l'exorcisation des démons de son enfance, baignée dans un profond et lourd piétisme. La religiosité est un

3 Un colloque organisé à l'Université de Haute-Alsace en mai 2019 a étudié le rapport entre la peinture et l'écriture de Hesse – voir Régine Battiston et Sonia Goldblum (dir.), *L'Art du paysage et des jardins. Hermann Hesse écrivain et peintre*, actes à paraître dans la collection « Helvetica » des Presses Universitaires de Strasbourg.

4 Hesse a été nominé huit fois pour obtenir le prix Nobel. Les personnalités qui ont œuvré en sa faveur sont : 1931, Thomas Mann ; 1938, Anders Österling ; 1938–1939–1942, Sigfrid Siwertz ; 1944–1946, Anders Österling, Robert Faesi. Voir https://www.nobelprize.org/nomination/redirector/?redir=archive/, page consultée le 20 décembre 2019. On notera la présence d'André Gide parmi ses anges gardiens, ainsi que celle de Robert Faesi, Professeur de littérature contemporaine à l'Université de Zurich.

axe majeur de son œuvre, qui s'ouvre à l'hindouisme et surtout au bouddhisme, pour étayer une œuvre spirituelle de premier plan.

C'est l'expérience de la Première Guerre mondiale qui fait de lui un citoyen du monde et le met en phase avec la pensée européenne, malgré sa retraite en Suisse (Berne durant la guerre, puis Montagnola dans le Tessin jusqu'à la fin de sa vie). Après la déclaration de guerre, Hesse se présente comme volontaire à l'ambassade d'Allemagne, mais en raison de ses problèmes de vue et de sa névralgie permanente, il est déclaré inapte au combat. Il sera affecté à Berne même au service d'assistance aux prisonniers de guerre, régi par l'ambassade d'Allemagne. Il prend sa fonction très à cœur, et sans ménager ses efforts, rassemble et expédie des livres pour les prisonniers de guerre allemands. Il est coéditeur du *Deutsche Interniertenzeitung* (*Journal des internés allemands*, 1916–1917), éditeur du *Sonntagsbote für die deutschen Kriegsgefangenen* (*Courrier dominical des prisonniers de guerre allemands*, 1916–1919), et responsable de la « Librairie des prisonniers de guerre allemands ».

Son enthousiasme pour la guerre fut de courte durée, contrairement à celui d'autres écrivains de langue allemande, par exemple Thomas Mann. Ainsi, le 3 novembre 1914, il publia dans le *Neue Zürcher Zeitung* l'article « O Freunde, nicht diese Töne ![5] » (« Mes frères, cessons nos plaintes ! », citation du premier vers de l'*Ode à la joie* de Beethoven). Il y appelle les intellectuels allemands à ne pas tomber dans les polémiques nationalistes. Il appelle aussi tous ceux qui sont neutres à œuvrer, afin que la guerre s'arrête. Il constate les dégâts collatéraux dès le début de la guerre – entre autres sur le plan industriel des brevets, ou pire pour lui, de la traduction d'œuvres littéraires étrangères. Il pose notamment la question de savoir si le monde devient meilleur lorsqu'un écrivain est diffamé, quel que soit son camp d'appartenance[6]. Son propos reste ancré dans le domaine de l'éducation et de la vie intellectuelle. Il constate notamment que la pensée devrait être en mesure de conjurer cette guerre, et en appelle à l'esprit allemand, qui devrait être capable de se tourner vers la compréhension de l'Autre. Il

---

5 Voir Hermann Hesse, « O Freunde, nicht diese Töne! », dans *Die politischen Schriften. Eine Dokumentation. Gesammelte Werke*, vol. 15, Berlin, Suhrkamp, 2004, p. 10–14.

6 Voir *ibid.*, p. 11.

constate également qu'il est plus facile d'appeler à la guerre, assis devant son bureau avec sa plume, que de combattre sur le terrain. C'est aux penseurs, aux écrivains, aux artistes et aux enseignants qu'il s'adresse. Il se donne même la peine de répondre à certains journaux qui le dénigrent, notamment le *Neue Preussische Zeitung* (Berlin, 3 février 1915[7]). Il écrit des poèmes, parmi lesquels « L'Artiste aux soldats[8] », ou encore un autre poème publié dans un journal où il en appelle à l'empereur allemand[9], pour son anniversaire (le 31 janvier 1915). Il écrit aussi une lettre ouverte à un blessé (« Offener Brief an einen Verwundeten », lettre parue dans le journal *Die Zeit* à Vienne en Autriche le 14 mars 1915[10]).

Sans le savoir il fait écho au manifeste pacifiste de Romain Rolland, *Au-dessus de la mêlée* (1915), et cet acte représente le grand tournant de sa vie. Les conséquences le plongent dans une violente querelle politique, il devient la cible d'attaques de la part de la presse allemande, reçoit des lettres de menace, et certains de ses vieux amis lui tournent le dos. Les projecteurs de la presse allemande sont braqués sur lui. Il garde pourtant le soutien de son ami Theodor Heuss[11], et également celui de l'écrivain français Romain Rolland, à qui il rend visite en août 1915. Leur

7 Voir Hermann Hesse, « An die *Preussische Zeitung* », dans *ibid.*, p. 21–22.

8 Voir Hermann Hesse, « Der Künstler an die Krieger », dans *ibid.*, p. 19–20.

9 Voir Hermann Hesse, « An den Kaiser », dans *ibid.*, p. 25.

10 Voir Hermann Hesse, « Offener Brief an einen Verwundeten », dans *ibid.*, p. 33–38.

11 Entre 1913 et 1917, Hermann Hesse et Theodor Heuss (1884–1963) ont collaboré à la revue politico-littéraire *März* (que Hesse a co-fondée). Ils en ont conçu ensemble le profil littéraire et de là sont nées une collaboration et une profonde amitié littéraire et personnelle qui les a unis tout au long de leur vie. Heuss (qui fut président de la jeune République Fédérale Allemande de 1949 à 1959) était, comme aucun autre homme politique allemand, un homme de lettres : sa carrière littéraire fit de lui un éditeur, biographe, rédacteur, essayiste et critique. Très tôt il a commencé à correspondre avec des auteurs connus, et resta par la suite attaché à la littérature à travers d'innombrables essais, critiques et amitiés avec des auteurs. Ses discours de Président de la République Fédérale révèlent cette influence profonde de la littérature. Durant la République de Weimar, il fut président de l'Association des écrivains allemands pour la protection des auteurs. Il fut membre de l'Académie allemande de langue et de poésie (*Deutsche Akademie für Sprache und Dichtkunst*) et reçut le prestigieux Prix de la Paix des libraires allemands (*Friedenspreis des Deutschen Buchhandels*).

correspondance va durer 25 ans. La première lettre de Rolland date du 26 février 1915 : il s'y adresse à un Hesse dont il ne sait presque rien, et qu'il ne connaît que par cet article paru dans le *Neue Zürcher Zeitung*. Sur cet article, dans lequel Hesse en appelle à la musique de Beethoven et à l'esprit de fraternité européenne, Rolland écrit dans son *Journal* qu'il s'agit de « la voix de Beethoven délivrée » : il accueille Hesse comme « un des meilleurs de sa race, [qui] dit beaucoup de choses [qu'il] pourrait signer. »

Un peu avant, le 22 septembre 1914, Romain Rolland fait paraître dans le *Journal de Genève* le passage emblématique de son manifeste contre la guerre, sous le titre *Au-dessus de la mêlée*[12]. Ce texte est un brûlot contre les intellectuels qui soutiennent la guerre, dont Gerhard Hauptmann et Thomas Mann. Rolland s'est aussi engagé depuis le début de la guerre jusqu'en 1915 dans la *Centrale de Genève de la Croix-Rouge* pour les prisonniers de guerre, et il se voit décerner la même année le prix Nobel de littérature, dont il met la dotation à la disposition de la Croix-Rouge.

Rolland avait comme projet, avec Stefan Zweig, de fédérer les écrivains allemands au sein d'un mouvement de pacifisme intellectuel en Europe. Il fait appel à nombre d'entre eux, mais peu répondent à son attente, comme le précise Stefan Zweig dans son *Monde d'hier* : parmi ceux qui refusèrent, il y a Gerhard Hauptmann (prix Nobel de littérature en 1912), fortement teinté de prussianisme, Walter Rathenau, Rilke, Dehmel, Hofmannsthal ou encore Jakob Wassermann ; c'est surtout la position de Thomas Mann, à ce moment-là acquis à la guerre, qui influença beaucoup d'intellectuels allemands (voir son article sur Frédéric II, « Frédéric et la grande coalition », paru début 1915 aux Éditions Fischer à Berlin)[13].

En août 1915, Romain Rolland rend visite à Hesse, et dans son *Journal* il consigne les sujets qu'ils abordent : l'intolérance, le chauvinisme, la nationalité allemande de Hesse, le cosmopolitisme. Hesse et Rolland restèrent en contact épistolaire et personnel jusqu'en 1944, date de la mort

---

12 Texte publié en supplément du *Journal de Genève* le 22 septembre 1914. Rolland a aussi écrit au début du conflit une série d'articles qui est parue entre le 29 août 1914 et le 1er août 1915. C'est sous le titre *Au-dessus de la mêlée* que ces écrits seront réunis et publiés par l'éditeur Paul Ollendorff en novembre 1915.

13 Sur la position de Thomas Mann par rapport à la guerre, voir Joëlle Stoupy, « La guerre – un jeu de l'esprit : à propos des *Pensées de guerre* (1914) de Thomas Mann », *Germanica*, n° 28, 2001, p. 45–59.

de l'écrivain français. Entre 1915 et 1933, Rolland rendit visite à Hesse à Berne, puis il alla le voir à Montagnola à neuf reprises, et il intervint auprès d'éditeurs français pour que certaines traductions de Hesse soient publiées (par exemple *Knulp*, ou *Siddhartha* – dont la première partie lui est dédiée). Rolland demandera à Hesse de rédiger en 1932 pour la revue *Europe*[14] le fameux article pour le centenaire de la mort de Goethe (« Dank an Goethe »), qui est un des rares articles écrits sur commande par Hesse.

Son ami Theodor Heuss tente d'expliquer dans une tribune parue dans le *Neckar Zeitung* à Heilbronn le 1er novembre 1915[15] la position de Hesse : on y lit une profonde compréhension, mais aussi la défense d'un artiste par un homme politique. Il commence par dire que le seul reproche factuel qu'on puisse faire à Hesse, c'est d'avoir confondu la position de la presse, de la littérature (comprenez, du monde littéraire) et celle du peuple[16]. Il souligne aussi que la différence entre la position de Hesse par rapport à la guerre et la sienne est que lui pense en homme politique, Hesse en artiste et poète. Il explique de plus que, parmi les vertus de Hesse, qui est un homme très sensible, qui a des problèmes de vue et de nervosité[17], il y a celle-ci, qu'il est utile à sa patrie en travaillant pour le bien des prisonniers allemands, notamment en mettant en

14 Cette revue est fondée en 1923 par Romain Rolland sous les auspices du mouvement pacifiste auquel il participe. « Nous disons aujourd'hui "Europe" parce que notre vaste presqu'île, entre l'Orient et le Nouveau Monde, est le carrefour où se rejoignent les civilisations. / Mais c'est à tous les peuples que nous nous adressons. Ce sont les voix autorisées du plus grand nombre de pays que nous entendons faire témoigner ici, non pour les opposer puérilement les unes aux autres, non pour dresser des collections d'opinions, mais dans l'espoir d'aider à dissiper les tragiques malentendus qui divisent actuellement les hommes […]. / Il est urgent que nous apprenions à regarder plus haut que tous les intérêts, les passions, les égoïsmes des individus et des groupements ethniques. Il ne peut pas y avoir de victoire remportée par l'homme contre l'homme. Et les seules conquêtes durables sont celles qui intéressent l'universalité des êtres… L'Europe n'est pour nous qu'une étape, notre but c'est l'humanité. » Voir René Arcos, « Patrie européenne », *Europe*, nº 1, février 1923, p. 110.

15 Voir Theodor Heuss, « Hermann Hesse, der vaterlandslose Gesell », dans Hermann Hesse, *Die politischen Schriften*, *op. cit.*, p. 82–86.

16 Voir *ibid.*, p. 83.

17 Voir *ibid.*, p. 84.

place des bibliothèques pour ceux détenus en France. Heuss explique la teneur et la grande utilité du travail de Hesse, dans lequel il voit une forme de patriotisme[18]. À cette époque et jusqu'à la fin de la guerre, Hesse fait paraître régulièrement des articles dans la presse suisse et on sent de plus en plus son pacifisme se faire jour, surtout dans un article qui porte justement le titre « Den Pazifisten », paru dans le journal *Die Zeit* à Vienne le 7 novembre 1915[19]. Il crée aussi un journal pour les prisonniers allemands, le *Deutsche Internierten Zeitung*[20].

Cette période très trouble où il est accaparé de tous côtés lui vaut une correspondance accrue, entre autres avec des hommes politiques allemands, comme le chancelier Walther Rathenau[21]. Hesse considère son action d'écrivain durant la guerre comme un engagement professionnel et politique dont le but est d'éveiller la conscience des lecteurs à l'existence de l'Europe et de la solidarité entre les êtres et les peuples. Il est si marqué par les exactions de cette guerre qu'il intègre ce traumatisme dans deux œuvres : le récit « L'Européen » en 1917 et *Demian* en 1919, qui sont une sorte de reconnaissance des origines de l'Europe, de ses limites et insuffisances, de son échec et des possibles perspectives de salut.

La fable allégorique « L'Européen » « introduit le mythe de l'Apocalypse dans l'histoire de l'Europe moderne[22] ». Le récit s'ouvre par le déluge et l'accueil de l'Européen au sein de l'arche de Noé : « Finalement le Seigneur s'était fait une raison, et, en provoquant le déluge, avait mis fin lui-même à cet âge de la terre qui s'était achevé par la sanglante guerre mondiale[23]. » La description initiale reprend l'image-clé des thèses de 1914, à savoir que l'Europe et le monde sombrent dans un grand chaos. La guerre est présentée comme un

18 Voir *ibid.*, p. 85.
19 Voir *ibid.*, p. 107–112.
20 Voir notamment *ibid.*, p. 171–173.
21 Voir une lettre du 29 janvier 1918 : « Walter Rathenau an Hermann Hesse », dans *ibid.*, p. 187–191. Hesse a fait une recension du livre de Rathenau *Von kommenden Dingen*, Berlin, S. Fischer, 1917.
22 Pascal Dethurens, « Chapitre XIII. Hesse, le visionnaire utopique de l'Europe », dans *De l'Europe en littérature. Création littéraire et culture européenne au temps de la crise de l'esprit (1918–1939)*, Genève, Droz, 2002, p. 113.
23 Hermann Hesse, « L'Européen. Fable » [« Der Europäer, eine Fabel »], dans *Souvenirs d'un Européen*, traduit de l'allemand par Edmond Beaujon, Paris, Calmann-Lévy, 1988, p. 151.

déluge dans lequel le monde entier se noie. Comme un nouveau Noé solitaire, l'Européen flotte, soutenu par sa ceinture de sauvetage, pour pouvoir témoigner devant les générations futures qu'un tel monde a existé. Hesse dresse un portrait assez caustique du représentant de la culture européenne, qui reste à l'écart des autres peuples sortis de l'arche, absorbé par ses écritures (il est le seul à en faire usage). C'est un homme triste qui est venu du « pays de la guerre ». Le « Noir », un autre type, trouve à l'Européen, à « l'homme blanc », des yeux troubles, le front ridé et les mains pâles. Sa physionomie est terne et triste, elle manque de vie, de vivacité.

L'Européen critique avec sévérité les autres peuples et les méprise (le personnage est présenté comme un être plein de morgue et de condescendance) : de ce fait, il ne rencontre pas de sympathie auprès d'eux[24]. Il y a chez lui quelque chose d'inquiétant, et l'auteur conclut son texte par un appel aux autres cultures. Le seul moyen pour l'Européen de survivre est « de se plonger à nouveau dans le courant de l'humanité de couleur[25] ». Hesse met en scène la supposée suprématie de l'Europe sur le reste du monde. Dans le dernier volet, l'Européen comparaît devant le tribunal de l'univers pour exposer ses supposées performances, et ne récolte que les moqueries de ses auditeurs (notamment lorsqu'il met en avant sa qualité première, l'intelligence). Dans l'épilogue, le patriarche, qui est Dieu lui-même, lui propose une alternative : soit l'Européen voit s'abattre sur lui la malédiction divine (le patriarche reproche aux hommes blancs d'avoir corrompu la Terre) ; soit il est gracié, mais en échange il se fondra dans l'univers. La morale implicite de la fable est qu'il faut s'unir ou disparaître : ici s'esquisse déjà l'idée de la mondialité. Cet appel résulte de la philosophie de la vie de Hesse, qui a pratiqué cette perméabilité dans sa relation avec l'Inde et la Chine, cultures vers lesquelles il se sentait attiré. Son passage en Italie lui inspirera le portrait d'un Européen plus rayonnant, même si cela reste sur le plan strictement culturel[26].

24 *Ibid.*, p. 154.

25 *Ibid.*, p. 155.

26 Lors de ses voyages en Italie, le poète est attiré par la culture antique, les paysages, l'architecture et la beauté des nombreuses églises et de leur art millénaire. Il est déçu par le bruit et le chaos qui règnent dans les rues, ambiance qui le fatigue et qu'il fuit.

Les conflits avec le public allemand n'étaient pas encore apaisés lorsque Hesse subit une suite de coups du sort qui le plongèrent dans une crise existentielle très profonde : la mort de son père le 8 mars 1916, la grave maladie de son fils Martin et la crise de schizophrénie de sa femme. Il dut interrompre son travail d'assistance aux prisonniers et commencer un traitement psychothérapeutique. L'intense travail de psychanalyse qui s'ensuivit, au cours duquel Hesse fit la connaissance de Carl Gustav Jung, déboucha finalement sur un nouveau point culminant de sa créativité : en septembre–octobre 1917, Hesse rédigea en trois semaines d'un travail frénétique son roman *Demian*. Le livre fut publié après la guerre, en 1919, sous le pseudonyme d'Emil Sinclair. Dans *Demian,* Hesse récidive avec l'idée d'Europe dans un roman d'apprentissage – Emil Sinclair représente le côté européen du roman, tandis que les personnages de Demian/Beck/Kromer/Pistorius représentent le côté étranger. Dans la dernière partie de son parcours initiatique, en quête du Bien après plusieurs phases de dérive où il a versé dans la luxure, l'alcool, la déchéance, etc., Sinclair devient étudiant à l'université et il rencontre à nouveau Demian, qui l'a fortement influencé dans sa quête de soi. Il est à nouveau guidé par sa volonté intérieure. En observant la vie désordonnée des étudiants, il se sent étranger à ce monde et ne s'y reconnaît pas. Il fait une visite à la mère de Demian (la figure de la mère est toujours un objet sacré chez Hesse), qui lui permet de l'appeler « Eve » : il reconnaît le visage qu'il voyait en rêve et qu'il a peint, en s'inspirant de la Béatrice de Dante. De cette figure située entre démon et mère, il reçoit la force de croire en lui. Eve, Sinclair et Demian forment alors une communauté harmonieuse et unie. Ils se préparent à l'effondrement et au renouveau de l'Europe. Comme dans « L'Européen », effondrement et renouveau sont donnés comme étant nécessaires. La concrétisation de son amour rêvé pour Eve n'aura pas lieu, car la Première Guerre mondiale a éclaté. Chacun va suivre sa destinée (la guerre brise aussi les amitiés), car ils doivent s'engager dans la guerre. Sinclair rencontre une dernière fois Demian dans un hôpital militaire, où Eve lui donne un baiser. Demian fait désormais partie de Sinclair, et celui-ci a atteint la fin de sa recherche de soi, il est prêt à suivre sa propre voie, qu'il a reconnue et acceptée.

Après la Première Guerre mondiale, Hesse s'ouvre peu à peu à des amitiés européennes. Il s'engage aux côtés de Thomas Mann[27] pour la renommée du dessinateur belge Frans Masereel (qui est un ami de Stefan Zweig). Une correspondance s'engage entre les trois amis, et les deux écrivains soutiennent le dessinateur, mais chacun est inspiré surtout au niveau littéraire par son art graphique. Chacun va rédiger soit la préface, soit la postface de volumes de Masereel.

La guerre et l'Europe ne sont pas des sujets en soi pour Hesse, écrivain de la recherche de soi, et pourtant il rédige de temps en temps de courts textes à portée politique qu'il est intéressant d'examiner ici. Dans tous ses écrits, Hesse se met dans le rôle du poète et de l'éducateur qui donne parfois des conseils à des tiers, souvent à la demande desdits tiers – ou bien qui donne son avis sous forme de conseils sur ce qui est dans l'air du temps. Sa position reste toujours ancrée dans le monde des idées et de la pensée, il se tient loin des considérations matérielles, dans une sorte d'utopie. Les années 1920 montrent qu'il reste préoccupé par la guerre et ses conséquences sur toute la planète. Il espère un renouveau de la jeunesse (par exemple dans *The New Student* , New York/Leipzig, 1922[28]). Dans les années 1930, il prend part à l'initiative pour la paix de Romain Rolland, mais sans jamais être sur le terrain. Son soutien et son engagement demeurent attachés au domaine de l'écrit et de l'épistolaire. Il est aussi pris à parti par des lecteurs qui lui demandent quelle est sa position politique, en particulier envers le communisme ; il répond clairement qu'il se tient loin de toutes les querelles et des rigidités d'esprit[29].

Hesse ne veut s'engager sous aucune bannière et pour aucun système. Il commence dans les années 1930 à démasquer les fascismes allemand et italien[30], et il est régulièrement interpellé par des étudiants[31] et des lecteurs attentifs. Il connaît la situation, s'engage personnellement en accueillant

---

27 Voir l'article de Katrin Bedenig (directrice des Archives Thomas Mann à l'École Polytechnique de Zurich) : « "Und der Funke kommt und zündet" : Hermann Hesse, Thomas Mann und der belgische Grafiker Frans Masereel », *Thomas Mann Jahrbuch*, vol. 31, 2018, p. 171–184.

28 Voir Hermann Hesse, *Die politischen Schriften*, *op. cit.*, p. 303.

29 Voir *ibid.*, p. 357–367 (texte daté de 1931).

30 Dans *ibid.*, voir le chapitre consacré aux années 1930, p. 239 et suivantes.

31 Voir par exemple *ibid.*, p. 409 (lettre du 27 mars 1933).

des demandeurs d'asile, et remarque que certains de ses amis allemands commencent à rependre leurs distances avec lui[32]. Il constate le lent recul des ventes de ses livres à partir de début 1933, et en Allemagne de plus en plus de journaux et de revues refusent ses publications. Il reste très préoccupé par la situation politique en Europe, et surtout en Allemagne, même s'il n'entreprend rien par un engagement direct. Il constate aussi la montée du racisme et de la haine de l'Autre : son texte sur « L'Européen » est aux oubliettes. Il répond à certaines théories raciales et racistes, comme à celle de Mme le Dr. Ludendorff, qui vient de publier un livre sur le mélange des races[33] ; ou encore il donne son avis sur la question du racisme et de ses manifestations dans la littérature[34]. Il s'engage pour l'accueil d'émigrants, dont Thomas Mann, mais son action se cantonne dans le domaine artistique ; toutefois, il ne leur accorde pas seulement l'asile dans sa maison, mais aussi une aide financière. Au fur et à mesure, son scepticisme augmente, et il finit par penser (de manière utopique) que pour éviter les nationalismes, il faut abandonner le sentiment national – sur ce point aussi il est pris à parti par ses collègues écrivains, par exemple par Ricarda Huch dans une tribune publiée dans le *Tägliche Rundschau* de Berlin le 12 avril 1946[35]. Le thème de la guerre et de la paix restera pour lui un sujet primordial jusqu'à la fin de sa vie. Après la Deuxième Guerre mondiale, c'est un écrivain nobélisé fatigué qui répond à ses lecteurs.

En outre, en dehors de ses préoccupations sur le devenir de l'Europe, Hesse a cultivé des relations avec un autre prix Nobel, André Gide (1947). Les liens qui rapprochèrent Hesse et Gide furent purement littéraires. Entre 1905 et 1933 (de *L'Immoraliste* à *Corydon*), Hesse a soutenu les traductions des œuvres de Gide en allemand. Cette sympathie partagée se lit dans une lettre de Gide à Hesse datée du 11 mars 1933, où l'écrivain français assure Hesse de son admiration et de son soutien auprès des éditeurs et du lectorat français. Son livre préféré est *Demian*. En janvier 1951,

---

32 Voir la lettre à Tilly Wassmer (Bremgarten) du 9 août 1933, dans *ibid.*, p. 417.

33 Voir « Auswirkungen der Mischrassigkeit », dans *ibid.*, p. 435–436. Sur un ton naïf et simple, et en utilisant son propre cas de demi-juif, il tente de démonter la théorie en question.

34 Voir *ibid.*, p. 435.

35 Voir *ibid.*, p. 630–632.

Hesse écrit à Gide qu'il est un défenseur de la liberté, de la personnalité, de la volonté, de la responsabilité individuelle, qualités qui, selon lui, se perdent. En février 1947, Gide lui avait écrit qu'il venait de lire *Le Voyage en Orient* (*Die Morgenlandfahrt*), et qu'il eût aimé traduire lui-même le livre en français. Faute de compétences, il propose que son gendre Jean Lambert s'en charge. Le même mois, Gide rend visite à Hesse à Montagnola avec son gendre et sa fille Catherine, et il rédige ensuite un éloge de Hesse qui servit d'avant-propos à l'édition française de ce même volume.

Lorsqu'il meurt en 1962, Hesse a publié près de 55 livres (sans compter les éditions privées et les éditions spéciales), vendus à quelque 4 millions d'exemplaires – sans compter les éditions étrangères (où le Japon arrive en tête), qui font doubler ce chiffre[36]. Son engagement pour autrui ne fait pas de doute, mais son action politique reste cantonnée sur le plan littéraire et artistique, dans une utopie d'un monde du Bien et de l'altérité, dans un multiculturalisme au regard tourné en permanence vers l'Orient et qui préfigure l'ouverture des années 1970 aux cultures orientales, ce qui explique aussi l'actualité permanente de cet écrivain dans le monde de l'esprit, aujourd'hui plus que jamais.

Bibliographie

Arcos, René, « Patrie européenne », *Europe*, n° 1, février 1923.

Bedenig, Katrin, « "Und der Funke kommt und zündet" : Hermann Hesse, Thomas Mann und der belgische Grafiker Frans Masereel », *Thomas Mann Jahrbuch*, vol. 31, 2018, p. 171–184.

Dethurens, Pascal, « Chapitre XIII. Hesse, le visionnaire utopique de l'Europe », dans *De l'Europe en littérature. Création littéraire et culture européenne au temps de la crise de l'esprit (1918–1939)*, Genève, Droz, 2002.

Hesse, Hermann et Mann, Thomas, *Correspondance*, traduit de l'allemand par Jacques Duvernet, Paris, José Corti, 1997.

36 Voir, sur la question de la notoriété de Hesse, un texte de son éditeur Volker Michels : « Der Dichter aus Montagnola ist eine Weltmacht », dans *Hermann Hesse – ein globales Phänomen vor der Globalisierung*, Gutach, Drey-Verlag, 2009, p. 5 et suivantes.

Hesse, Hermann et Rolland, Romain, *D'une rive à l'autre : correspondance*, Paris, Albin Michel, 1972.

Hesse, Hermann, « L'Européen. Fable » [« Der Europäer, eine Fabel »], dans *Souvenirs d'un Européen*, traduit de l'allemand par Edmond Beaujon, Paris, Calmann-Lévy, 1988.

Hesse, Hermann, « O Freunde, nicht diese Töne ! », dans *Die politischen Schriften. Eine Dokumentation. Gesammelte Werke*, vol. 15, Berlin, Suhrkamp, 2004.

Michels, Volker, « Der Dichter aus Montagnola ist eine Weltmacht », dans *Hermann Hesse – ein globales Phänomen vor der Globalisierung*, Gutach, Drey-Verlag, 2009.

Stoupy, Joëlle, « La guerre – un jeu de l'esprit : à propos des *Pensées de guerre* (1914) de Thomas Mann », *Germanica*, n° 28, 2001, p. 45–59.

Augustin Voegele

Qu'est-ce qu'un prix Nobel ? André Gide vu par ses correspondants (automne 1947–printemps 1948)

Résumé : En 1947, le prix Nobel vient couronner la carrière d'André Gide. Or les lettres qu'il reçoit en amont et en aval du prix permettent d'apporter quelques éléments de réponse à la question que chacun se pose : qu'est-ce qu'un prix Nobel de littérature ? Un prix Nobel, ce serait : un écrivain idéaliste (ou qu'il faut à tout prix faire passer pour tel) ; un ambassadeur des Lettres nationales ; un grand Européen ; et un auteur très demandé, mais qui demeure irréductible.

Mots-clés : prix Nobel de littérature, André Gide, idéalisme, littérature française, européanisme.

Abstract : In 1947, the Nobel Prize crowns the career of André Gide. The letters he received before and after the prize provide some answers to the question everyone is asking : what is a Nobel Prize for literature ? A Nobel Prize seems to be : an idealist writer (or one that must be passed off as such at all costs) ; an ambassador of national literature ; a great European ; and a much sought-after author, but who remains irreducible.

Keywords : Nobel Prize for Literature, André Gide, idealism, French literature, Europeanism.

« [Q]ui ne sait être un Érasme doit penser à être évêque[1] ». La remarque de La Bruyère, appliquée au contexte de la course aux prix littéraires au XXe puis au XXIe siècle, pourrait être ainsi reformulée : « Qui ne sait être un Proust (ou un Kafka, ou un Joyce) doit songer à être Nobel »... André Gide n'avait besoin d'aucun prix pour devenir une *valeur* universellement reconnue dans le monde de l'esprit : le Nobel n'en est pas moins venu couronner sa carrière en novembre 1947.

---

1 Jean de La Bruyère, *Les Caractères*, Paris, Librairie Générale Française, 1995, p. 165.

Les lettres qu'il reçoit en amont et en aval du prix sont révélatrices. Elles permettent même d'apporter quelques éléments de réponse à la question que chacun se pose, ou que personne n'ose se poser, tant il semble absurde de vouloir y répondre : qu'est-ce qu'un prix Nobel de littérature ? Voici cependant quelques traits définitoires déduits de la lecture de la correspondance échangée entre Gide et quelques amis/soutiens entre fin octobre 1947 et mi-mai 1948. Un prix Nobel donc, c'est...

Un écrivain idéaliste (ou qu'il faut à tout prix faire passer pour tel)

Le testament de Nobel le stipule : les lauréats du futur prix doivent être des auteurs de « tendance idéaliste[2] ». Les adversaires de tel ou tel candidat ont donc beau jeu, pour peu que son « profil » soit un peu sulfureux (et celui de Gide l'était, inutile de le rappeler, à plus d'un titre), d'invoquer la voix de l'inventeur du prix pour écarter le prétendant malvenu... À quoi les champions dudit prétendant peuvent répondre en faisant, dans la presse ou ailleurs, son portrait en écrivain idéaliste. C'est très exactement ce que fait, quelques semaines avant l'attribution du prix 1947, Göran Schildt, zélateur acharné (et traducteur) de Gide en Suède. Le 21 octobre, il écrit ainsi à son « cher Maître », l'informant (en des termes peu précis, il est vrai, mais néanmoins révélateurs des intrigues qui se déploient en amont d'une telle décision) des manœuvres des uns et des autres. Parmi les adversaires de Gide figure le peu recommandable Fredrik Böök[3], archétype de l'académicien réactionnaire :

> Pour la première fois, votre candidature est sérieusement soutenue par des personnes influentes, et en ce qui concerne l'Académie, il paraît que tous les auteurs sont pour vous tandis que les non-auteurs (prêtres, avoués, médecins et autres gens de ce type qui sont académiciens, on ne sait pas pourquoi) dirigés par le critique puissant mais notoirement borné Fredrik Böök forment l'opposition[4].

2 Voir dans ce volume la contribution de Jean-François Battail.
3 Voir dans ce volume la contribution de Katrin Bedenig.
4 Voir *Bulletin des Amis d'André Gide* [désormais *BAAG*], n° 156, octobre 2007, p. 541–544.

Cette opposition fait sens : d'un côté la littérature, de l'autre la « morale » – et il va de soi que l'« immoraliste » Gide passe mal auprès des « bourgeois bien-pensants », lesquels, quand il s'agit de dénigrer un auteur dont la figure les inquiète, ont tôt fait d'oublier que tous les lauréats du passé ne furent pas des « idéalistes » :

> Comme vous le savez, il y a dans le testament d'Alfred Nobel la stipulation que le prix doit être donné à un auteur idéaliste. C'est ce mot qui inspire quelque doute dans le cœur des braves académiciens qui presque tous sont des hommes très bourgeois, bien-pensants et âgés. (On se demande par quels moyens dans le temps on a réussi à voir un idéaliste dans Anatole France[5] !?)

Aussi les amis de Gide tiennent-ils à rappeler aux lettrés de Suède en quoi leur candidat correspond au profil-type défini par Nobel lui-même. Il s'agit pour eux de mettre en valeur tout un pan de l'œuvre de Gide mal connu hors de France, et qui fait de lui, en effet, et sans abus de langage, un idéaliste défenseur, sinon de la veuve et de l'orphelin, du moins du laissé-pour-compte et de l'opprimé :

> En tout cas tous vos amis ici gardent le ferme espoir de vous voir obtenir le prix cette année ; sur le conseil de quelques personnes bien placées pour juger la situation, j'ai publié dans un des plus grands quotidiens de Stockholm, le jour même de la première session de l'Académie pour décider du prix (il y aura trois sessions), un grand article sur vous, surnommé « Un idéaliste dans l'esprit de Nobel », où je montre que ce n'est pas malgré, mais au contraire *à cause* de la stipulation idéaliste que vous méritez le prix. La plupart des académiciens ne connaissent que superficiellement votre œuvre et il est bon de souligner pour eux l'existence de livres tels que *Numquid et tu*, *Souvenirs de la Cour d'Assises* et les livres concernant le voyage au Congo[6].

Mieux encore, Gide serait, malgré qu'en aient ses détracteurs, un auteur à l'influence salutaire, un éducateur de premier plan même – en témoigne l'âge moyen de ses admirateurs, qu'il recrute parmi une jeunesse qui n'a pas encore eu le temps de renoncer à ses espoirs et à ses croyances : « J'ai aussi parlé [...] de votre influence si salutaire sur la jeunesse française. Enfin j'ai parlé [...] de l'enthousiasme que la jeunesse (âge spécialement idéaliste) montre pour votre œuvre[7]. » Ce que les manœuvres de Schildt

---

5 *Ibid.*
6 *Ibid.*
7 *Ibid.*

révèlent, c'est à quel point il est aisé de façonner à son gré la figure d'un écrivain dont on veut défendre l'œuvre : non que nous voulions contester que Gide soit, à sa façon, un idéaliste ; mais à l'évidence la défense et illustration de l'œuvre gidien à laquelle se livre son traducteur suédois occulte certains aspects plus complexes de la personnalité du chantre des *Nourritures terrestres*.

Cela dit, au moment de faire l'éloge du lauréat lors de la cérémonie Nobel, Anders Österling, secrétaire perpétuel de l'Académie suédoise, ne tentera en aucune façon de faire à tout prix de Gide un écrivain respectable. Au contraire, il soulignera à plus d'une reprise ce qui aurait pu le rendre inéligible au Nobel, et déclarera même : « L'écrivain de 78 ans que l'on honore aujourd'hui [...] a toujours été une figure controversée[8] » ; ce qui aura le don d'agacer Göran Schildt : « Monsieur Österling [...] avait tout le temps l'air de s'excuser un peu concernant le choix de l'Académie et revenait sans cesse à des "malgré tout" et des "il faut bien avouer", qui essayaient d'établir que vous avez bien changé en vieillissant, que c'est plutôt votre influence et non pas vous-même qui mérite d'être louée et autres sophismes semblables[9]. » Mais n'est-ce pas bien plutôt un acte de courage, de la part de l'Académie suédoise et de son représentant, que d'afficher les possibles « torts » de celui qu'elle a élu parmi les appelés, plutôt que de les escamoter pour en faire une figure « politiquement correcte » ?

Un ambassadeur des Lettres françaises

Il est donc douteux qu'il faille voir dans le couronnement de l'auteur de *L'Immoraliste* le résultat foudroyant de la propagande en faveur de Gide l'idéaliste. Sans doute est-ce au contraire le fruit d'un long et lent travail d'usure des préjugés et d'érosion des jugements préconçus à l'égard d'un auteur pourtant sulfureux. Quoi qu'il en soit, le 13 novembre, Gide reçoit de l'Académie suédoise le télégramme suivant : « L'Académie suédoise a décerné le prix Nobel [de] littérature à vous Monsieur et vous invite à la fête Nobel à Stockholm le 10 décembre. En attendant votre acceptation

8 Voir https://www.nobelprize.org/prizes/literature/1947/ceremony-speech/, page consultée le 11 juillet 2020. Nous traduisons.

9 Lettre de Göran Schildt à Gide datée du 16 décembre 1947. Voir *BAAG*, n° 156, octobre 2007, p. 560–563.

télégraphiquement au secrétaire de l'Académie Boershuset Stockholm[10]. » Une fois la nouvelle connue de tous, les réactions officielles ne se font pas attendre. Immédiatement, la nation s'empare de celui qu'en d'autres circonstances, elle n'eût sans doute pas voulu reconnaître pour son fils. Le président de la République, Vincent Auriol, s'empresse de féliciter Gide dès le 14 novembre : « Permettez-moi de vous adresser avec le témoignage de mon admiration mes très chaleureuses félicitations pour l'illustre distinction qui vous est décernée et qui honore la France[11]. » Quelques jours plus tard, le 17 novembre, ce sera le tour du président du Conseil, Paul Ramadier – même si ce dernier, curieusement, se contentera de rendre hommage à Gide, sans faire de lui un représentant de la culture française : « Bien vives et sincères félicitations pour hommage si mérité[12]. » Quant à l'ambassadeur de France en Suède, Gabriel Puaux, s'il tarde un peu à établir l'équivalence entre Gide et les « Lettres françaises », il finit par le faire dans une lettre du 18 décembre : « Permettez-moi de vous assurer que parmi les tâches que m'a values ma carrière j'en ai connu peu d'aussi agréables à remplir que celle de *locum tenens* en ces heures où les Lettres françaises – et l'indépendance de l'esprit – furent grâce à vous à l'honneur[13]. » « [L]es Lettres françaises – et l'indépendance de l'esprit » : on verra qu'il y a presque là une redondance.

De leur côté, les confrères de Gide ne manquent pas eux non plus de le congratuler. Et l'on est étonné de lire sous la plume d'un Maurice Blanchot les mots suivants, qui font de Gide une véritable incarnation, une véritable hypostase personnelle de la « littérature française » : « Permettez-moi [de] vous exprimer ma joie pour l'honneur fait à la littérature française en celui qui la représente avec le plus de Vérité[14]. » Moins étonnants sont les propos (plus tardifs, puisque datés du 2 janvier 1948) du diplomate Alexis Leger, qui recevra à son tour le Nobel en 1960 :

> Depuis mon arrivée en Amérique, j'ai exalté de mon mieux, dans ce pays, votre figure et votre œuvre. Je ne l'ai pas fait seulement par attachement amical ou par

10 Voir *ibid.*, p. 537.
11 Voir *ibid.*, p. 538.
12 Voir *ibid.*, p. 539.
13 Lettre inédite.
14 Voir *BAAG*, n° 156, octobre 2007, p. 538.

> goût de l'esprit, mais parce qu'à vivre à l'étranger, on y discerne mieux ce qui représente la pensée française dans ce qu'elle a de plus propre et de plus universel. C'est à ce titre que vous pouviez, en acceptant le prix Nobel, être assuré de « servir » comme Français. L'homme de Ferney l'eût aussi accepté[15].

Quatre éléments retiennent ici l'attention : d'une part, le postulat qu'il faut contempler l'objet culturel qu'est la France de l'extérieur pour en mieux comprendre l'essence ; d'autre part, l'idée qui si Gide incarne la France, c'est parce qu'il atteint le général (l'« universel ») par le particulier (le « propre ») – et l'on songe inévitablement ici aux propos du romancier (manqué) Édouard dans *Les Faux-Monnayeurs* (« Il n'y a de vérité psychologique que particulière, il est vrai ; mais il n'y a d'art que général. Tout le problème est là, précisément ; exprimer le général par le particulier ; faire exprimer par le particulier le général[16] ») ; la métaphore militaire (mise à distance par les guillemets qui encadrent « servir ») – comme si la course au Nobel équivalait à une guerre pour le « *soft power* » ; enfin, l'allusion à Voltaire, autre ambassadeur « non conformiste » de l'esprit français.

Même les admirateurs de Gide, d'ailleurs, considèrent qu'autant qu'à sa personne, c'est à la littérature française qu'il représente que va le Nobel. Mais c'est qu'aux yeux du public suédois, le jury Nobel a su faire preuve d'une sagesse suprême en saluant l'œuvre d'un représentant particulièrement irréductible de l'esprit français d'insoumission. En témoigne cette lettre de Lucien Maury à Gide, datée du 19 novembre 1947 :

> je viens de parcourir les principaux journaux de Stockholm : presse admirable à votre égard, admirable d'attention, de sympathie, d'éloge unanime et pertinent. On a rarement vu un prix Nobel accueilli avec cette satisfaction, voire, dans maints journaux, cet enthousiasme... Par-delà votre œuvre on glorifie la littérature française et la France dont vous exprimez la pensée profonde... L'Académie suédoise, qui n'est pas toujours à pareille fête, recueille une part de compliments : elle s'honore, écrit un critique, plus encore qu'elle ne vous honore[17].

---

15 Voir Saint-John Perse, *Œuvres complètes*, Paris, Gallimard, « Bibliothèque de la Pléiade », 1972, p. 999–1001.

16 André Gide, *Romans et récits*, t. 2, Paris, Gallimard, « Bibliothèque de la Pléiade », 2009, p. 312.

17 Voir *BAAG*, n° 156, octobre 2007, p. 550–551.

Ce qui mérite aussi de retenir l'attention, c'est l'image que Gide donne de lui-même dans la lettre d'excuses et de remerciements que, ne pouvant se rendre à Stockholm pour des raisons de santé, il envoie au « comité Nobel de l'Académie royale de Stockholm ». Certes, il ne fait pas de lui-même un ambassadeur de la France. Au contraire, il souligne qu'en France, il s'est toujours soustrait à toute forme de reconnaissance officielle : « Je me suis, vous le savez, toujours refusé aux honneurs, du moins à ceux que, Français, je pouvais attendre de la France[18]. » Et il rappelle que, pareil à un anachorète, il s'est longtemps tenu en retrait, loin de la place publique, de telle sorte que son triomphe est celui des réfractaires de tous pays : « Longtemps j'ai cru parler dans le désert ; puis pour un très petit nombre ; mais vous me prouvez aujourd'hui que j'avais raison de croire à la vertu du petit nombre, et qu'il finit toujours, tôt ou tard, par l'emporter[19]. » Mais cet « indépendant esprit », s'il ne connaît pas de frontières, semble néanmoins avoir trouvé son asile de prédilection dans la littérature française. La preuve en est, selon Gide, que l'un de ses contemporains l'incarnait mieux encore que lui – il s'agit, bien entendu, de Paul Valéry, qui eût dû être nobélisé si la mort ne l'avait privé au dernier moment de l'hommage ultime auquel peut aspirer un écrivain :

> Il m'a paru, Messieurs, que vos suffrages allaient non point tant à mon œuvre même qu'à l'indépendant esprit qui l'anime ; cet esprit qui, de nos jours, se trouve combattu de toutes parts et de tous côtés. Que vous le reconnaissiez en moi, que vous ayez senti le besoin de l'approuver, de le soutenir, voici qui m'emplit de confiance et d'un contentement intime. Pourtant, je ne me retiens pas de penser qu'un autre, en France, avant-hier encore, représentait cet esprit autant et mieux que moi : je songe à Paul Valéry pour qui mon admiration n'avait fait que croître avec mon amitié, durant un demi-siècle, et que la mort seule vous empêche d'élire à ma place. J'ai souvent dit avec quelle amicale déférence je m'inclinais devant son génie sans rémission ni faiblesse ; près duquel je me sentais sans cesse « humain, trop humain ». Je voudrais que sa mémoire aussi soit présente à cette cérémonie qui prend, à mes yeux, d'autant plus d'éclat que les ténèbres d'alentour sont plus épaisses ; où vous invitez à triompher l'esprit libre et lui offrez, par cette insigne récompense – sans plus tenir compte des frontières et des dissensions momentanées des partis – la chance inespérée d'un rayonnement extraordinaire[20].

18 Voir *ibid.*, p. 534–536.

19 *Ibid.*

20 *Ibid.*

Hommage à Paul Valéry qui, aux dires de Lucien Maury, est particulièrement bienvenu : « Votre allocution associant en quelque sorte à la gloire du prix Nobel la mémoire de Paul Valéry, vous ne pouviez rien dire ni faire qui fût plus agréable à l'Académie suédoise et aux Suédois… On en veut encore à Valéry d'être mort trois mois trop tôt… L'Académie vous sera reconnaissante de justifier une fois de plus, et publiquement, son sentiment et son regret[21]. » Mais là n'est pas l'essentiel. Le plus important est que, ici comme ailleurs, Gide parvient à atteindre l'universel par le local, ou par le national, en faisant l'éloge d'un esprit d'insoumission qui, s'il ne saurait accepter le carcan d'une nationalité, s'enracine malgré tout (si l'on nous passe cette image par trop barrésienne) dans une histoire des mentalités bien française.

Un Nobel parmi d'autres

Écrivain « idéaliste » à sa façon, ambassadeur malgré lui (encore que…) de la France, Gide devient aussi, en novembre 1947, un Nobel parmi d'autres. On l'a vu, le futur Nobel 1960 Saint-John Perse, alors en poste à Washington, ne manque pas de saluer en lui un illustre confrère. Un autre futur Nobel (1957) lui écrit pour le féliciter – il s'agit d'Albert Camus, qui lui envoie un télégramme d'Alger dès le 14 novembre 1947 : « Très heureux nouvelle. Stop. Vous envoie affectueuses félicitations[22]. » Ernst Robert Curtius, de son côté, se réjouit que Gide ait été préféré à d'autres nobélisables et futurs nobélisés, à savoir T. S. Eliot (1948) et François Mauriac (1952). Sa lettre à Gide du 15 novembre fait d'ailleurs écho par anticipation (à moins que ce ne soit Gide qui s'en soit inspiré…) aux propos de Gide sur lui-même dans sa lettre de « reconnaissance » au comité Nobel – tout y est, l'allusion au *clamavi in deserto*, le portrait de l'impétrant en « esprit non prévenu », l'idée que c'est l'irréductibilité de Gide qui lui a valu ce succès… À quoi il faut ajouter quelques piques polémiques aux ennemis, bourgeois comme anti-bourgeois, de Gide, et surtout cette idée, qu'être reconnu par l'étranger, c'est être en quelque sorte panthéonisé de son vivant :

---

21 Lettre de Lucien Maury à Gide datée du 7 décembre 1947. Voir *ibid.*, p. 557.
22 Voir *ibid.*, p. 538.

> Très cher ami,
>
> Quelle délicieuse surprise ! La consécration officielle la plus retentissante ! Comme j'en suis heureux ! Je me réjouis comme un enfant. Il y a un peu plus d'un an (avant l'attribution à Hesse), des amis suédois me disaient que Eliot et Mauriac étaient candidats. Mais justice est faite… Je ne sais plus qui disait que le jugement de l'étranger était « la postérité anticipée ». Et cette fois, c'est un jugement en bonne forme, prononcé par le sage aréopage du Nord. Les « bien-pensants » vont être choqués. Les moscoutaires également. On a couronné un esprit « non prévenu », non conformiste. Je pense à vos débuts difficiles, à la zone de silence que vous avez dû traverser… Vous avez refusé tous les compromis – et votre intransigeance vous a valu cette belle récompense. C'est prodigieux[23].

Gide fait à présent partie d'une « collection » d'écrivains qui ont été (ou seront bientôt) institutionnalisés par le Nobel, mais qui demeurent néanmoins vivants, bien vivants. Parmi eux, Hermann Hesse, primé en 1946, qui salue la décision du comité Nobel dans un mot non daté, mais écrit probablement juste après l'annonce du prix : « Enfin, scandaleusement tard, Stockholm répare une vieille omission, à la grande joie et satisfaction de tous vos amis. Je vous félicite[24]. » Mais aussi Roger Martin du Gard, lauréat en 1937 et ami de longue date de Gide, qui l'admire, et qui est admiré de lui en retour. Dès le 14 novembre, il envoie à Gide un télégramme quelque peu facétieux, où il souhaite au tout frais lauréat la bienvenue dans le « club » des nobélisés : « Joyeuses félicitations. Passagères condoléances. Fraternelle accolade[25]. » La même idée revient dans une lettre datée du même jour, où Martin s'adresse à son « [c]her "collègue" ». Et ce qui est frappant, c'est que, Gide étant à Neuchâtel, les journalistes parisiens décident de s'adresser à son grand ami, sans doute parce qu'il est lui-même prix Nobel : « Je rentre à Paris juste pour la grande nouvelle ! Journalistes et radios, dépités de ne pas vous trouver au Vaneau, se sont rabattus sur le Dragon, et il a fallu hier soir se barricader contre leurs assauts indiscrets[26]… » Au-delà de cette anecdote toutefois, ce sur quoi insiste Roger Martin du Gard, c'est sur la quasi équivalence

23 Voir André Gide-Ernst Robert Curtius, *Correspondance (1920–1950)*, Paris, Classiques Garnier, coll. « Bibliothèque Gidienne », 2019, p. 259.

24 Voir Frank Lestringant, *André Gide l'inquiéteur*, t. II : *Le Sel de la terre ou l'inquiétude assumée (1919–1951)*, Paris, Flammarion, 2012, p. 1148.

25 Voir *BAAG*, n° 156, octobre 2007, p. 538.

26 Voir André Gide-Roger Martin du Gard, *Correspondance*, t. II, Paris, Gallimard, 1968, p. 385–386.

qui s'établit ainsi entre leurs deux figures d'écrivains – équivalence qui est une sorte d'hypostase publique de leur étroite union spirituelle : « J'éprouve une grande joie, cher grand ami, à nous sentir tous deux isolés ensemble dans ce rare privilège ! C'est comme une symbolisation, à l'échelle mondiale, de notre exceptionnelle entente, d'une affection qui n'a fait que croître depuis trente ans[27]. » À quoi Gide répond, le 27 novembre : « ce qui nous a fait élire l'un après l'autre par l'Académie de Stockholm, c'est aussi bien, ne croyez-vous pas ? ce commun amour de la Vérité, raison secrète de "notre exceptionnelle entente, d'une affection qui n'a fait que croître depuis trente ans[28]" ». En quoi il n'a pas tort, car, d'après Anders Österling, cet amour immodéré, parfois dangereux même, de la vérité est l'un des traits archétypaux de l'esprit français :

> [L']œuvre [de Gide] contient des pages qui provoquent une forme de défiance en raison de l'audace presque inégalée de la confession. Il souhaite combattre les Pharisiens, mais il est difficile, dans le feu de la lutte, d'éviter de choquer certaines normes assez délicates du caractère humain. Il faut toujours se souvenir que cette façon d'agir est une forme de l'amour passionné de la vérité qui, depuis Montaigne et Rousseau, est un axiome de la littérature française[29].

Pour en revenir à Roger Martin du Gard, il donne par ailleurs à Gide dans sa lettre du 14 novembre des conseils sur l'attitude à suivre en de telles circonstances : « Maintenant, cher ami, je vous conjure de jouer le jeu *avec simplicité* et résignation, et de ne chercher aucun prétexte à vous dérober aux obligations qui vous échoient[30]. » Il multipliera d'ailleurs les recommandations dans ses lettres suivantes. L'une de ses suggestions en particulier retient l'attention, car elle révèle qu'il considère Gide, au même titre que lui-même, comme un représentant de l'élégance à la française :

> J'ai oublié, cher ami, une petite recommandation que je tiendrais vraiment à vous voir suivre. Avez-vous déjà reçu votre « diplôme » Nobel ? L'espèce de diptyque en parchemin enluminé, avec une reliure de cuir travaillé, que vous deviez recevoir des mains du roi ? J'ai lu, dans un écho de Suède, que ce chef-d'œuvre allégorique

27 *Ibid.*
28 Voir *ibid.*, p. 389–390.
29 Voir https://www.nobelprize.org/prizes/literature/1947/ceremony-speech/, page consultée le 11 juillet 2020. Nous traduisons.
30 Voir André Gide-Roger Martin du Gard, *Correspondance*, t. II, *op. cit.*, p. 385–386.

avait été exécuté par la *même vieille personne* que le mien, il y a dix ans. Or j'ai gardé de cette vieille dame un souvenir attendri… Je ne sais plus qui m'avait conté que la composition de ces enluminures lui coûtait un mois de veilles et d'angoisses, qu'elle y mettait tout son cœur, et davantage, et qu'elle s'informait toujours, en tremblant, si l'heureux Élu avait été sensible à cet hommage, s'il avait aimé son travail et bien compris la signification de toutes les allusions symboliques qu'elle y avait glissées ; et, du coup, j'avais pris la peine de lui écrire une petite lettre de remerciement. J'ai été bien payé de cette corvée par la joie que je lui ai causée ! Je crois bien que j'étais le premier à faire ce geste… Elle avait composé, avec amour, Dieu sait combien de parchemins Nobel, et personne jamais n'avait songé à lui dire merci ! Elle parle encore de moi et de ma lettre à Maury chaque fois qu'il la voit… Je suis sûr que cette petite histoire vous incitera à faire comme moi, et à avoir une attention pour la sympathique vieille pignocheuse… D'autant qu'il serait assez amusant de penser qu'elle dira plus tard à ses petits-neveux, en leur montrant ses maquettes : « J'ai composé quarante diplômes Nobel au temps du roi Gustave, mais on ne m'a remerciée que deux fois ; et c'était deux Français… »

Sauvons le prestige de la vieille courtoisie française[31] !

Un grand Européen

Champion de la « vieille courtoisie française », et des Lettres de son pays, Gide devient aussi, en recevant le Nobel, un éminent Européen. À vrai dire, Gide a toujours été incontestablement européen dans l'âme, comme l'a montré récemment le volume collectif intitulé précisément *André Gide, l'Européen*[32]. Gide fut à l'évidence un partisan convaincu de l'idéal européiste (plus encore qu'européen). Le prouve notamment sa réponse à une enquête lancée par la *Revue de Genève* sur l'« avenir de l'Europe », où il appelle de ses vœux le renoncement aux obsessions nationales et nationalistes, et la cristallisation d'une véritable conscience continentale, condition *sine qua non* d'une véritable solidarité européenne : « l'Europe entière court à la ruine si chaque pays d'Europe ne consent à considérer que son salut particulier[33]. » L'Europe doit être appréhendée comme un

31 Voir Roger Martin du Gard, *Correspondance générale*, t. IX, Paris, Gallimard, 2006, p. 226–227.

32 Voir Martina Della Casa (dir.), *André Gide, l'Européen*, Paris, Classiques Garnier, coll. « Bibliothèque Gidienne », 2019 ; mais aussi Pascal Dethurens, « André Gide et la question européenne », *BAAG*, n° 85, janvier 1990, p. 109–126.

33 Pour les citations qui suivent, voir André Gide, « L'Avenir de l'Europe. Le point de vue d'un Français », *La Revue de Genève*, janvier–juin 1923.

tout, et non comme la somme des parcelles nationales en quoi elle peut trop aisément se diviser : « Lorsqu'on parle aujourd'hui de civilisation occidentale, ce n'est pas tel pays en particulier, mais l'Europe entière qu'il s'agit de considérer. » C'est sur le mode de la symbiose que doivent vivre les cultures d'Europe. Le cas particulier du couple France–Allemagne, si souvent tenté, hélas, de faire chambre à part, est singulièrement éloquent. Il faut que le lit du Rhin unisse les époux terribles au lieu de les séparer : « sur le terrain de la culture, aussi bien dans les sciences que dans les Lettres et les arts, les défauts et qualités de part et d'autre (en France et en Allemagne) sont à ce point complémentaires qu'il ne peut y avoir que profit dans une entente, que préjudice dans un conflit. Un écrivain [...] a le droit et le devoir d'affirmer combien cette entente lui paraît souhaitable ; disons plus : indispensable, dans la situation actuelle de l'Europe ». Ce qui ne signifie en aucune façon que Gide serait partisan d'une forme de *globalisation* à l'échelle européenne. Au contraire, il est convaincu que c'est en chérissant ce qu'il a de plus singulier, mais aussi de moins hostile et de moins imperméable à l'étranger, que chaque pays peut servir la cause européenne, et contribuer à la sauvegarde de la civilisation européenne. C'est pourquoi, à l'occasion de cette réflexion sur l'avenir de l'Europe, il transforme en principe éthique et politique la dialectique du général et du particulier dont il faisait (*via* le truchement de son double approximatif Édouard) le principe poétique des *Faux-Monnayeurs* : « Je l'ai dit maintes fois et depuis bien longtemps déjà : c'est en étant le plus particulier qu'on sert le mieux l'intérêt le plus général ; et ceci est vrai pour les pays aussi bien que pour les individus. » Gide y insiste, l'Europe et les pays qui la composent doivent se garder de Charybde comme de Scylla, du repli identitaire comme de l'illusion communautaire : « Le véritable esprit européen s'oppose à l'infatuation isolante du nationalisme ; il s'oppose également à cette dépersonnalisation que voudrait l'internationalisme. »

Toutefois, si l'européisme de Gide est évident, et nettement affirmé, ce n'est pas sans doute l'aspect de sa pensée le plus saillant. Sur le plan politique, ses plaidoyers contre la colonisation en Afrique puis contre les crimes de l'URSS stalinienne ont fait plus de bruit que ses éloges de l'Europe. À telle enseigne que le Nobel vient en quelque sorte rappeler à ses contemporains qu'il est aussi un européiste convaincu. Dans la lettre déjà citée plus haut où Saint-John Perse fait de lui un éminent représentant de l'irréductibilité à la française, le poète de l'*Exil* évoque aussi le « grand Européen » que Gide est « pour [ses] admirateurs américains[34] ». Et nul besoin d'ailleurs de quitter l'Europe pour se rendre compte que Gide est un éminent champion du continent. Edmond Jaloux, ainsi, dans une lettre de mars 1948, écrit à Gide : « Mais j'en reviens à mon propos qui est de vous dire ma joie à vous savoir prix Nobel. Cette "consécration", comme on dit, ne signifie pas grand'chose pour vous, en France, je suppose, mais elle représente l'adhésion du monde entier, elle parle au nom de toutes les nations. Elle fait de vous le grand Européen que vous n'avez pas cessé d'être[35]... » Propos multiplement intéressants dans la mesure où ils mêlent considérations sociologiques et réflexions éthico-imagologiques. Si Gide n'a pas besoin du Nobel pour s'imposer comme le « contemporain capital » dans le champ littéraire français, le prix fait néanmoins de lui non seulement un auteur majeur à l'échelle mondiale, mais aussi l'ambassadeur d'une Europe unie.

Un auteur très demandé, mais qui demeure irréductible

Voici donc Gide enrôlé de force dans le bataillon des hommes de Lettres « officiels ». Il en est flatté, certes, mais il s'en plaint aussi. Le Nobel n'est pas loin de faire de lui « cette chose laide entre toutes : un homme affairé[36] ». En Suède, on souhaite traduire[37] ceux de ses livres qui ne sont pas encore disponibles dans la langue du pays. Dès le 17 novembre, Göran Schildt lui écrit ainsi :

> Madame Elsa Thulin (qui vous a vu à Paris cet été) m'a demandé de bien vouloir la laisser traduire *Thésée*, ce que j'accorde très volontiers, n'ayant aucune prétention d'accaparer la traduction de vos livres et heureux au contraire que d'autres veulent s'en occuper après l'indifférence des années passées. Cela dépend donc uniquement de vous si vous voulez autoriser la traduction qui paraîtrait chez Wahlström & Widstrand[38].

34 Voir Saint-John Perse, *Œuvres complètes*, *op. cit.*, p. 999–1001.

35 Voir André Gide-Edmond Jaloux, *Correspondance (1896–1950)*, Lyon, Presses Universitaires de Lyon, 2004, p. 274–277.

36 Nous détournons ici une note diaristique du 10 janvier 1906.

37 Voir, sur l'effet du Nobel sur les traductions, l'article de Clara Lévy dans le présent volume.

38 Voir *BAAG*, n° 156, octobre 2007, p. 549–550.

Une semaine plus tard, Schildt donne à son vénérable ami un nouvel aperçu de la réaction des Suédois. Il semblerait que le pays n'ait qu'une seule voix pour se réjouir de l'attribution du prix à Gide. Peut-on entièrement faire confiance à l'admiration teintée de candeur du jeune Schildt ? Il semblerait que oui, dans la mesure où ce dernier se rend bien compte que certains ont brusquement changé d'avis – soit que le Nobel leur ait ouvert les yeux, soit (ce qui est plus probable) qu'ils jugent plus raisonnable de chanter avec le chœur : « Du reste toute la presse suédoise (excepté naturellement les journaux communistes) a marqué un contentement unanime du choix de l'Académie, et cela a été un vrai plaisir de voir tous les critiques sans exception chanter vos louanges – les mêmes critiques qui à l'unisson vous déclaraient suranné, décadent et sans intérêt il y a cinq ans à l'occasion de la parution en suédois des *Caves du Vatican*[39]. » Et non seulement la légitimité du Nobel Gide n'est remise en doute par personne (si ce n'est par ses ennemis jurés, les communistes, qui le considèrent comme un renégat), mais en outre, cela se traduit par un accroissement marqué des ventes dans les librairies. Gide touche toutes sortes de publics, et c'est pourquoi toutes ses œuvres sont susceptibles de bien se vendre :

> Enfin, tout cela a moins d'importance. L'essentiel est que le public commence à montrer un vif intérêt pour vos livres. J'ai fait ces jours-ci quelques conférences publiques sur vous, arrangées par l'union des libraires, et cela m'a permis de voir que ce n'est pas seulement une petite élite d'intellectuels qui désire vous connaître, mais des gens de toutes les classes et professions et surtout la jeunesse. On réédite les traductions déjà existantes de vos livres et on projette de nouvelles. Mon éditeur m'a demandé de commencer tout de suite la traduction de vos deux livres sur la Russie. Pourtant j'aimerais bien entendre votre opinion sur cette entreprise avant de la commencer, – aussi pour savoir dans quelle mesure vous jugez indispensables les diverses [*sic*] appendices, témoignages etc. qui sont inclus dans les deux volumes[40].

Et le même Schildt écrit à nouveau à Gide le 20 décembre pour lui rendre un compte détaillé du succès de ses livres en Suède. C'est un véritable plébiscite, semblerait-il. Le public suédois se laisse séduire aussi bien par le Gide « religieux » que par le Gide le plus audacieux :

---

39 Voir *ibid.*, p. 553–554.
40 *Ibid.*

> En ce qui concerne vos livres ils sont très bien vendus. On a réédité *La Porte étroite* et *L'Immoraliste*, épuisés depuis plus de vingt ans, *La Symphonie pastorale* est à son 15e mille, *Les Faux-Monnayeurs* environ au même et ainsi de suite. On récite de vos textes dans la TSF, on y a donné votre *Retour de l'enfant prodigue* avec des rôles distribués (assez réussie [*sic*]), tous les conférenciers expliquent votre œuvre et on peut parler d'une fièvre gidienne qui vous fera définitivement entrer dans le sang des Suédois[41].

Cet engouement ne saurait déplaire à Gide, d'autant qu'il se traduit un peu partout par une hausse considérable des ventes de ses livres ; ou du moins de la demande, car les éditeurs sont pris de court – de telle sorte que Gide regrette de ne pouvoir profiter mieux, commercialement, de l'enthousiasme suscité par son prix. Ainsi, le 28 janvier 1948, il écrit à Roger Martin du Gard :

> *Nos* livres (les vôtres aussi bien que les miens) demeurent à peu près introuvables ; en Suisse ; et à peu près n'importe où, je suppose. À la suite du prix Nobel, ainsi que je m'y attendais, ç'a été un effroyable « manque à gagner » ; et, au surplus, aussi bien pour mes livres du Mercure ; en particulier *La Porte étroite*, très demandée, et mon *Dostoïevski* de Plon, très demandé également. Hirsch, à qui je faisais part de cette déficience, objecte les questions de change ; prohibitives, dit-il. Ce qui n'empêche pas de trouver à profusion *La Peste* ; et des Claudel beaucoup plus qu'on n'en demande. Et des Duhamel (il va sans dire) et des Kravchenko. Pourquoi vous écrire tout cela ? qui, au fond, m'inquiète si peu[42]...

Malgré l'épanorthose finale, on ne saurait ignorer le caractère presque acrimonieux des remarques qui précèdent : Gide s'agace de voir ses contemporains profiter si bien, sur le plan économique, de leur succès, quand lui, prix Nobel, ne trouve pas le moyen de répondre à la demande étrangère. On trouvait d'ailleurs déjà la même oscillation entre amertume et (feinte ?) indifférence dans une lettre à son neveu Dominique Drouin datée du 23 janvier : « Mes livres demeurent introuvables et j'y perds des centaines de mille francs. Ça en devient "intéressant", cette disproportion entre l'offre et la demande, accrue encore à la suite du prix Nobel. Mais, ne pas se laisser empoisonner, c'est ma devise[43]. »

---

41 Voir *ibid.*, p. 560–563.

42 Voir André Gide-Roger Martin du Gard, *Correspondance*, t. II, *op. cit.*, p. 394–396.

43 Lettre inédite conservée dans la collection privée de Bruno Roy.

Néanmoins, s'il ne peut tirer profit « terrestrement » de son succès comme il le voudrait, il l'exploite spirituellement. S'interdisant de devenir l'auteur institutionnel que le Nobel pourrait faire de lui, il tient à se prouver qu'il est encore capable d'audace. Témoin telle lettre de Jef Last envoyée d'Amsterdam le 10 mai 1948 : « te souviens-tu de ce que tu disais, après le prix Nobel : Je veux encore une fois me compromettre en publiant quelque chose de scandaleux[44] ? » Gide s'acharne à travailler, il ne veut pas se laisser déconcentrer par les honneurs. Il se sait un vieil homme physiquement faible, mais il se sent spirituellement plein d'alacrité. C'est ce qu'il écrit en substance à Dorothy Bussy dès le 19 novembre 1947 : « qu'ai-je à faire de ces honneurs ? Je n'y vois que dérangement et voudrais tant donner au travail et à la méditation le peu de temps qu'il me reste[45] ! » C'est pourquoi il décide de tirer parti du succès que lui vaut le Nobel pour « faire scandale ». Pourquoi ne pas en profiter pour faire aux États-Unis de *Corydon* ce que le livre, à cause de la prudence de son auteur, n'a pas été en France ? Dans une lettre à Francis A. Henson datée du 12 mai 1948, il écrit ainsi :

> J'ai tout fait, dans le temps, pour éviter (ou « minimiser ») le scandale, lors de la publication [de *Corydon*] en France (tirage à petit nombre d'exemplaires d'abord ; aucun envoi aux journalistes, etc.). Mais pour les US il en va tout autrement ; au surplus ma *situation* morale n'est plus du tout la même. Je suis à la fin de ma vie et l'on sait de reste que je n'ai jamais cherché le « succès », que j'ai le battage, le bluff et la réclame en horreur. Mais « il faut que le scandale arrive ». Il est bon que l'on sache que l'auteur de *Corydon* est *Docteur honoris causa* d'Oxford (et, je crois bien, de l'université de Columbia ; mais je n'ai jamais reçu confirmation de la lettre qui m'annonçait que j'avais été élu « à l'unanimité ») et *prix Nobel*. Allons-y[46] !

Il s'agit en somme de provoquer le scandale en tablant sur l'effet de contraste entre le statut officiel de l'auteur et le contenu sulfureux de son livre.

Mais, on l'a dit, l'Académie suédoise, au moment de présenter celui qu'elle avait décidé d'honorer en 1947, n'a pas tenté d'« assagir » la figure

44 Voir André Gide-Jef Last, *Correspondance (1934–1950)*, Lyon, Presses Universitaires de Lyon, 1985, p. 131.

45 Voir André Gide-Dorothy Bussy, *Correspondance*, t. III, Paris, Gallimard, 1982, p. 469–470.

46 Voir André Gide-Jacques Schiffrin, *Correspondance (1922–1950)*, Paris, Gallimard, 2005, p. 303–304.

de Gide. Certes, dans son discours d'éloge, Anders Österling réduit l'immoralisme gidien à une « libération » (inspirée de Thoreau) « de toutes les répressions de la conscience[47] » (ce qui constitue déjà, soit dit en passant, un geste d'une grande audace). Mais, tout en souhaitant ne pas s'appesantir dessus, il ne tait rien des « réserves critiques que l'auteur lui-même semble se plaire à provoquer ». Et il ajoute, prouvant par ses propos que, si le Nobel 1947 a bien récompensé un auteur « idéaliste », ambassadeur, à l'instar d'un Martin du Gard, de l'esprit français et de l'idéal européen, le choix de Gide ne reposait en rien sur un malentendu :

> Car même dans son âge mûr, Gide n'a jamais plaidé en faveur d'une acceptation pleine et entière de ses expériences et de ses conclusions. Ce qu'il veut avant tout, c'est faire surgir et présenter des problèmes. Même dans l'avenir, son influence prendra sans doute moins la forme d'une acceptation totale que de vives controverses sur son œuvre. Et c'est en cela que réside le fondement de sa véritable grandeur[48].

Bibliographie

Bulletin des Amis d'André Gide, nº 156, octobre 2007.

Della Casa, Martina (dir.), *André Gide, l'Européen*, Paris, Classiques Garnier, coll. « Bibliothèque Gidienne », 2019.

Dethurens, Pascal, « André Gide et la question européenne », *Bulletin des Amis d'André Gide*, nº 85, janvier 1990, p. 109–126.

Gide, André, « L'Avenir de l'Europe. Le point de vue d'un Français », *La Revue de Genève*, janvier–juin 1923.

Gide, André, *Romans et récits*, t. 2, Paris, Gallimard, « Bibliothèque de la Pléiade », 2009.

Gide, André et Bussy, Dorothy, *Correspondance*, t. III, Paris, Gallimard, 1982.

Gide, André et Curtius, Ernst Robert, *Correspondance (1920–1950)*, Paris, Classiques Garnier, coll. « Bibliothèque Gidienne », 2019.

47 Voir https://www.nobelprize.org/prizes/literature/1947/ceremony-speech/, page consultée le 11 juillet 2020. Nous traduisons.

48 Voir https://www.nobelprize.org/prizes/literature/1947/ceremony-speech/, page consultée le 11 juillet 2020. Nous traduisons.

Gide, André et Jaloux, Edmond, *Correspondance (1896–1950)*, Lyon, Presses Universitaires de Lyon, 2004.

Gide, André et Last, Jef, *Correspondance (1934–1950)*, Lyon, Presses Universitaires de Lyon, 1985.

Gide, André et Martin du Gard, Roger, *Correspondance*, t. II, Paris, Gallimard, 1968.

Gide, André et Schiffrin, Jacques, *Correspondance (1922–1950)*, Paris, Gallimard, 2005.

La Bruyère, Jean de, *Les Caractères*, Paris, Librairie Générale Française, 1995.

Lestringant, Frank, *André Gide l'inquiéteur*, t. II : *Le Sel de la terre ou l'inquiétude assumée (1919–1951)*, Paris, Flammarion, 2012.

Martin du Gard, Roger, *Correspondance générale*, t. IX, Paris, Gallimard, 2006.

Saint-John Perse, *Œuvres complètes*, Paris, Gallimard, « Bibliothèque de la Pléiade », 1972.

Angelica Duran

Latin American Nobel Prize Laureates and Europe

Abstract : The first half of this essay focuses first on individual agential power and experiences of the glocal in relation to modern prize culture, before turning to Nobel Prizes laureates from Latin America. The second half focuses on one key poem, « París : Bactra : Skíros», by Octavio Paz. The aim of these narrowing perspectives is to expand our understanding of some of the cultural forces that readers, writers, and committees must carefully balance in to fully participate in prize culture.

Keywords : Latin American literature, Europe, Nobel Prize, Octavio Paz, prize culture.

Résumé : La première moitié de cet article se concentre d'abord sur le pouvoir agentiel individuel et les expériences du « glocal » en relation avec la culture moderne des prix, avant de se tourner vers les lauréats du prix Nobel originaires d'Amérique latine. La seconde moitié se concentre sur un poème-clé, « París : Bactra : Skíros », d'Octavio Paz. L'objectif de ce rétrécissement des perspectives est d'élargir notre compréhension de certaines des forces culturelles que les lecteurs, les écrivains et les comités doivent soigneusement équilibrer pour participer pleinement à la culture des prix.

Mots-clés : littérature d'Amérique latine, Europe, prix Nobel, Octavio Paz, culture des prix.

In the prefatory poem to the first folio edition of *Mr. William Shakespeares Comedies, Histories, & Tragedies* (1623), Benjamin Jonson claims that his early modern English compatriot William Shakespeare is « [n]ot of an age but for all time[1] ». Howard Felperin is among the many who

1 Benjamin Jonson, « To the Memory of My Beloved, the Author. Mr. William Shakespeare ; and What he Hath Left Us », in William Shakespeare, *Mr. William Shakespeares Comedies, Histories, & Tragedies Published According to the True Originall Copies*, London, Isaac Iaggard and Eward Blount, 1623, [n.p.].

have noted the diachronic paradox of Shakespeare given that his language alone can « scarcely be » called contemporary, as the missing possessive of « *Shakespeares* » in the title alone testifies for today's Anglophone readers. For readers of Shakespeare's works in translation, his works can scarcely be called unmediated either[2]. Rightly involving the correlative matter of geographic space to time and original language, Ronald Paulson addresses the related synchronic paradox in relation to the work of the early modern Spanish novel by Miguel de Cervantes outside of its homeland, original language, and time period : « In [18th-century] England *Don Quixote* was read, interpreted, and utilized in a way it was not and could not have been in its native Spain or (where it was also immensely popular) in France[3] ».

The complex matters of historical, linguistic, and regional fixity, on the one hand, and the transcendent, on the other, with just these two sets of early modern authors and works, chief among the World Literature canon, resonate with modern notions and practices related to assessments of literary excellence and reader reception. The purported transcendence yet clear regional importance and linguistic accessibility infuse the amorphous development of the canon of what Germany's Johann Wolfgang von Goethe termed *Weltliteratur* [*World Literature*] in the early 19th century. It also infuses the Nobel Prizes, distributed since 1901[4]. The chief distinctions are the express selection of the laureates by the Nobel Prize committee and, by extension, the committee's recurrent and well-warranted self-assessments of its review process and distribution of the prizes. Regional self-interest, at least, is not one of its weakness, as evidenced by the fact that this European-based prize has been awarded most to the U.S. The complexity and ambivalence of the Nobel Prizes is characteristic of the modern era in which it emerged, increasingly shaped by intimately local and extensively global forces, deeply informed by geographical and historical spaces, and attuned to the disciplinary excellence of individual

2 Howard Felperin, *Shakespearean Representation : Mimesis and Modernity in Elizabethan Tragedy*, Princeton, Princeton University Press, 2015, p. 6.

3 Ronald Paulson, *Don Quixote in England : The Aesthetics of Language*, Baltimore, Johns Hopkins University Press, 1998, p. xi.

4 It is interesting to note that the modern Olympics began at around the same time, in 1896.

awardees. Focusing on any one of the six fields of the Nobel Prize – Chemistry, Economics, Literature, Medicine/Physiology, Peace, and Physics – enables us to gain insights into the agential power within specific fields and within modern prize culture. My focus will be first, and briefly, on my own agential power and experiences of the glocal, a portmanteau of global and local, in relation to modern prize culture generally. I then focus on the Nobel Prizes, specifically Latin American awardees, before focusing even further on one key poem by Mexico's only Nobel Prize in Literature laureate, Octavio Paz. The aim of these narrowing perspectives centralized on this small network of Latin American Nobel Prize laureates is to expand our understanding of some of the cultural forces that readers, writers, and committees must carefully balance in to fully participate in, respond to, and shape prize culture.

Prize culture, a view from now, as well as here and there

I agree with James English's caution in his book *The Economy of Prestige* that the study of prizes and prize culture « requires a high degree of self-consciousness about our own investments[5] ». No doubt, my focus on Latin American Nobel Prize in Literature laureates has to do with my Hispanic heritage and my experience and research in pan-American matters and literature. Equally important is the very personal nature of the prize culture that the Nobel Prizes exemplify in relation to my experiences during my undergraduate days in the 1980s. My youthful and well-justified belief that I needed the glory and the funds of academic prizes to achieve my educational and professional goals no doubt informed what I noticed when reading the works by U.S., British, and Latin American Nobel Prize in Literature laureates as I took courses for my English major and Spanish minor at the University of California at Berkeley, an institution housed in a state with one of the highest Latin American populations in the U.S. But my youthful institutional, state, and national prizes were different in nature from the global prizes that many of my students in the past two decades have needed to gain. My home institution of Purdue

5 James English, *The Economy of Prestige : Prizes, Awards, and the Circulation of Cultural Value*, Cambridge, Harvard University Press, 2005, p. 23.

University, in Indiana, has for decades been among the top universities in the U.S. with the highest number of enrolled international students ; and many of those international students have had harsh experiences or reconstrued their ethics to garner the internationally-recognized prizes that are more readily legible to U.S. college acceptance committees and that, thus, have enabled them to be at my university[6]. These large forces can be debilitating or empowering to individuals ; they are certainly conspicuous, perhaps even unavoidable.

Seeking to use the Nobel Prizes to empower myself and students, I used their prestige and renown to create a bridge between me and the English-speaking Chinese students I taught in an intensive summer school literature course titled « Nobel Prize Winners », at Shanghai Jiao Tong University (SJTU) in the summers of 2014 and 2015. Upon receiving the invitation to teach a literature course at SJTU, I immediately lighted upon teaching the works of the 2012 Nobel Prize in Literature laureate and Chinese national Mo Yan, given my knowledge about this author's works and my belief that the national affiliation of this laureate would attract SJTU students to enroll in the course from among their myriad choices. It did. Pedagogical geniality also factored into my selection of the one other Nobel Prize in Literature laureate I could fit into the short-course : the U.S.'s John Steinbeck, who earned the prize in 1962, especially since Mo Yan is such a fan of his. Additionally, due to another set of institutional and personal factors, I had obtained expertise in the literature of John Steinbeck. I researched the John Steinbeck Special Collection at Stanford University, my alma mater, a term we can also perhaps stretch a bit to call Steinbeck's alma mater too – he is one of Stanford's most well-known drop-outs.

But these two laureates and the Literature category do not subsist in isolation. Knowing the importance of the disciplinary and institutional to propel learning, I looked into SJTU's Nobel Prize history and found

6 Students are aware of and are attracted to the tangible prizes that Purdue has earned and the intangible ones, like its strong role in the Space Race, with Purdue's twenty-five astronaut-alums, among whom are the first and last on the moon – Neil Armstrong and Eugene Cernan – and its myriad faculty and alums who have contributed to outer-space exploration.

that SJTU's Tsung-Dao Lee had earned the 1957 Nobel Prize in Physics. That knowledge propelled me to visit a small museum on the SJTU campus focused on Lee's work, which I might not have visited otherwise. Lee became another bridge for the students and me, since Lee's doctoral supervisor was the 1938 Nobel Prize in Physics laureate Enrico Fermi, who was born in Italy, was a naturalized U.S. citizen, and spent a bulk of his career at the University of Chicago in Illinois, a neighboring state to my adopted home state of Indiana. The content of the class as much as its intercultural processes starkly confirmed for me the fact that Nobel Prizes in all categories are part of a modern, global system of prize culture that can be harnessed to enact the best processes of the very globalization that they have been contributing to for more than a century. I was struck then as I continue to be by the fact that this European-based entity of the Nobel Prize was a ready-made bridge that worked to tie students in the Far East and me from the Far West[7].

The Nobel Prize and Latin America

The importance of finances, authenticity, and intercultural capital that I have experienced in miniature inhere with globally-recognized prizes like the Nobel Prizes, with its large financial component, a felt authenticity surrounding the selection process of the type of work and specific works being awarded, and intercultural capital derived from the preceding characteristics. So, what of Latin America specifically ? Just to come to terms from the outset : Latin America is constituted of thirteen dependencies and twenty countries, per the general consensus. Cumulatively,Latin America has garnered nineteen Nobel Prizes : one in Physics, two in Chemistry, three in Medicine/Physiology, six in Peace, and – the highest number – seven in Literature[8]. I was happy to see that the Nobel Prize

7 I dedicate this essay to my former SJTU students and class monitors Jieyu Zhen and Xinrui Wang and to my former Purdue Summer Undergraduate Research Fellow from Universidad de los Andes Daniela Margarita Maestre Masmela.

8 The Nobel Prizes to Latin Americans are as follows, by category : Chemistry in 1970 to Argentina's Luis F. Leloir and 1995 to Mexico's Mario J. Molina ; Literature in 1945 to Chile's Gabriela Mistral, 1967 to Guatemala's Miguel Ángel Asturias, 1971 to Chile's Pablo Neruda, 1982 to Colombia's Gabriel García Márquez, 1990 to Mexico's Octavio Paz, 1992 to Derek Walcott, Saint

website reflects some of the untidy regional realities that complicate that general consensus. The website provides a list of « Hispanic » laureates, which includes eight more laureates from Spain in various fields as well as the U.S.'s Luis Walter Alvarez, the 1968 Nobel Prize in Physics laureate.

I have found myself adopting the term *Hispanoamerican* for nuanced interpretations about the ethnicity and regions of the Americas where Latin American cultures and populations predominate, regions like the U.S. Southwest. Writers of Latin American origin from Hispanoamerican regions of the U.S. are not among the eleven U.S. Nobel Prize in Literature laureates[9]. However, one U.S. Literature laureate of Anglo origin or heritage from those regions has : the California native John Steinbeck. Steinbeck's works like *Tortilla Flat* (1935), *The Pearl* (1947), and *The Log of the Sea of Cortez* (1951) are perhaps his most famous works with Latin American settings and figures[10]. Those works complemented his promotion of social movements and personal relations with Latin Americans. For example, Steinbeck's Anglophone documentary film *The Forgotten Village* (1941), which resonates so much with his novella *The Pearl*, prompted a large, multi-year binational effort to increase medical training and vaccines in rural areas of Mexico[11]. Also, for the original edition of *The Pearl*, Steinbeck invited the Mexican caricaturist and painter José Clemente

---

Lucia, and 2010 to Peru's Mario Vargas Llosa ; Peace in 1936 to Carlos Saavedra Lamas of Argentina, 1980 to Argentina's Adolfo Pérez Esquivel, 1982 to Mexico's Alfonso García Robles, 1987 to Costa Rica's Óscar Arias Sánchez, 1992 to Guatemala's Rigoberta Menchú, and 2016 to Colombia's Juan Manuel Santos ; Medicine/Physiology in 1949 to Argentina's Bernardo Houssay, 1980 to Venezuela's/the U.S.'s Baruj Benacerraf, and 1984 to Argentina's César Milstein ; Physics in 1968 to the U.S.'s Luis Walter Alvarez. By country, the breakdown is as follows : Argentina with five, Mexico three, Chile two, Colombia two, Guatemala two, Costa Rica one, Venezuela one, Peru one, and the U.S. one.

9 The U.S. Nobel Prize in Literature laureates are Sinclair Lewis (1930), Eugene O'Neill (1936), Pearl Buck (1938), William Faulkner (1949), Ernest Hemingway (1954), John Steinbeck (1962), Saul Bellow (1976), Isaac B. Singer (1978), Joseph Brodsky (1987), Toni Morrison (1993), and Bob Dylan (2016).

10 See Rogelio Martínez, *México en la obra de John Steinbeck*, Bloomington, Palibro, 2017 (rev. 2018).

11 That documentary covered many of the same themes as the films *The Pearl* (1947) and the film *Viva Zapata !* (1952), starring Marlon Brando in the title role.

Orozco – whose political murals and those of Diego Rivera, David Alfaro Siqueiros, and others, established the Mexican Mural Renaissance – to make illustrations for the book[12]. He also actively participated in the English-language film *The Pearl*, which served as a rudimentary but decided entrée into Mexican culture for U.S. and international theater-goers.

Steinbeck's regular inscription of Latin American settings and figures evidences more untidiness : the fraught transnational nature of the works of some Nobel Prize in Literature laureates. Other U.S. Literature laureates known for doing so are the 1938 laureate Pearl Buck, whose major works are set in China and focus on Chinese figures, and the 1954 laureate Ernest Hemingway, who wrote extensively on Spanish figures and settings.

I am reminded of Roland Barthes's claim of the death of the author that « [i]t is language which speaks, not the author », or what he called the scriptor, and of my responsibility as a critical reader to concern myself with the characteristics of the languages associated with the legal and creative entities of authors who garner Nobel Prizes, especially when Latin America's neighbor to the north, the U.S., has garnered such a large number of Nobel Prizes, 377 in the six fields[13]. The differential is not attributable to population, since the population of Latin America has been greater than that of the U.S. over the nearly 120 years since the inception of the Nobel Prize[14]. A number of Latin American *letrados* find part of the differential to be attributable to the financial and cultural dominance of the U.S., as well as the availability of cutting-edge resources and facilities there, especially valuable for Chemistry, Medicine/Physiology, and Physics. The 1970 Chemistry laureate from Argentina, Luis F. Leloir, penned an autobiographical article that chronicled as much his intellectual path as his financial

---

12 The edition includes five of Orozco's full-page original drawings.

13 The next closest are the U.K. with 129, Germany with 108, and France with 69. The U.S.'s first Nobel Prize was the Peace Prize of 1906, which went to Theodore Roosevelt, and its first in Literature went in 1930 to Sinclair Lewis, fifteen years before it went for the first time to a Latin American, Chile's Gabriela Mistral, in 1945.

14 In 2018, the U.S. population was 327.2 million and Latin American population 652.0 million ; in 1970, the U.S. population was 205.1 million and Latin American population 288.1 million.

one[15]. Leloir did not possess the physical resources in Argentina that were made available to him in the U.S. and elsewhere. The fact that Nobel Prizes in Literature and Peace are the categories in which Latin America has garnered the highest number follows from Leloir's logic, since these fields do not require an expensive national and institutional infrastructure.

All the Nobel Prize categories, however, require someone, indeed, many people to be looking, again taking us back to the active agencies of readers, or perhaps we should term them reader-functions. A Janus-faced quality of the Nobel Prize is its attempts to look around and beyond its neighborhood and, vice versa, to move others to look around and beyond their neighborhood. Every year, Latin Americans as much as any other regional group look to a small country in Europe that stands for some as a synecdoche of European or global culture, a regionally-untethered but culturally-significant authority[16]. Rajagopalan Radhakrishnan remarks that October is « the month when the Nobel prizes are announced. "Literature" is the most controversial and polemically fraught category : will the chosen author be simultaneously of that person's part of the world in some irreducibly autochthonous way and yet available for the metonymic or synecdochic prestidigitation that renders that author "of the world"[17] ? ».

We find strong regional self-definition in the works of two Latin American Nobel Prize in Literature laureates : Chile's Gabriela Mistral and Colombia's Gabriel García Márquez. Mistral made a clear distinction between Latin American identity and European identity in her avowed life's work of addressing indigenous American influences on her culture. García Márquez took a similar tack by deliberately weeding out express allusions in his writings to the European literatures in which he was well-steeped during his school-years.

15 Luis F. Leloir, « Far Away and Long Ago », *Annual Review of Biochemistry*, n° 52, 1983, p. 1–15.

16 For the « global ambitions » of « a self-consciously minor European nation-state », see James English, *op. cit.*, p. 55. For the bulk of the duration of the Nobel Prizes, an on-again, off-again pan-American regionalism has loomed, but many practical and cultural factors hamper its practical reality.

17 Rajagopalan Radhakrishnan, « World Literature, by Any Other Name ? », *PMLA*, vol. 131, n° 5, October 2016, p. 1396–1404.

Conversely, we find a toggling between the regional – but not national as much – in the rhetoric of the Nobel committee and news in describing Latin American Literature laureates, aligning more towards the latter into the 21st century. For example, in 1945, the Nobel committee praised Mistral's lyric poetry, « which, inspired by powerful emotions, has made her name a symbol of the idealistic aspirations of the entire Latin American world » ; in 1967, Guatemala's Ángel Asturias « for his vivid literary achievement, deep-rooted in the national traits and traditions of Indian peoples of Latin America » ; and in 1971, Chile's Pablo Neruda « for a poetry that with the action of an elemental force brings alive a continent's destiny and dreams ». It then slowly shifts, praising García Márquez in 1982 « for his novels and short stories, in which the fantastic and the realistic are combined in a richly composed world of imagination, reflecting a continent's life and conflicts » ; Paz in 1990 « for impassioned writing with wide horizons, characterized by sensuous intelligence and humanistic integrity » ; Santa Lucia's Derek Walcott in 1992 « for a poetic oeuvre of great luminosity, sustained by a historical vision, the outcome of a *multicultural* commitment » ; and Peru's Mario Vargas Llosa in 2010 for addressing universal questions in a variety of forms[18].

Similar toggling can be readily observed in the Literature laureates' self-definitions as regional author-functions in their Nobel Acceptance Speeches. The title of García Márquez's Nobel Acceptance Speech, « The Solitude of Latin America », refers directly only to a regional place but, of course, echoes the temporal title of his most well-known work, his novel *One Hundred Years of Solitude* (1967). The speech itself indicates a pan-American tinge, encapsulated in García Márquez's reference to only two other Literature laureates, Chile's Pablo Neruda (1971) and the U.S.'s William Faulkner (1949). Paz's Acceptance Speech, « In Search of the Present », emphasizes the universal aspects of literature in contrast to the focus on national character in his most

18 Nora Dunne, « Nobel Prize in Literature : Which Latin American Writers Have Won ? », *The Christian Science Monitor*, 7 October 2010, https://search.proquest.com/docview/756922898?accountid=13360&rfr_id=info%3Axri%2Fsid%3Aprimo, accessed 26 May 2019.

well-known work, *Labyrinth of Solitude* (1950)[19]. It is a curious fact that the 1990 prizes went entirely to North America – Canada, Mexico, and the U.S. – with the exception of the Nobel Peace Prize, which went to the U.S.S.R.'s Mikhail Gorbachev.[20]

The 1990 Nobel Prize in Literature laureate Octavio Paz

It is only fitting that Nobel Prize in Literature laureates and committee members express the vast spectrum subsumed in the term glocal, since so many of the Nobel Prize laureates' literary works do as well, characteristic of modernity most certainly but also of the varying levels of perspectives that humans have always articulated. The poetic words of Paz in his last book of poems, *Árbol adentro* (*Tree Inside*, 1987), provide a useful case study of the ways in which Literature laureates themselves can at times have explanatory power for this spectrum[21].

In Paz's brief Nobel Banquet Speech, distinct from his Nobel Acceptance Speech, Paz quotes his short poem « Stars and Crickets » from *Árbol adentro* :

> The sky is big
> and up there, they grow worlds.
> Imperturbable,

---

19 That prose work, written four decades before the 1990 Nobel Prize, tends to be the most assigned of his works in World Literature courses in the U.S. Paz's Nobel Acceptance Speech oscillates between phrases like « [l]anguages are vast realities that transcend those political and historical entities we call nations » and « [l]anguages are born and grow from the native soil, nourished by a common history » (*Nobelprize.org*).

20 The 1990 Nobel Prizes were distributed as follows : Chemistry to the U.S.'s Elias J. Corey ; Literature to Mexico's Octavio Paz ; Peace to the U.S.S.R.'s Mikhail Gorbachev ; Physics to the U.S.'s Jerome I. Friedman and Henry W. Kendall and Canada's Richard E. Taylor ; Physiology/Medicine to the U.S.'s Joseph E. Murray and E. Donnall Thomas ; and Economic Sciences to the U.S.'s Harry Markowitz, Merton Miller, and William F. Sharpe.

21 For a vibrant summary and interpretation of *Árbol adentro*, see Martina Meidl, *Poesía, pensamiento y percepción : una lectura de* Árbol adentro *de Octavio Paz*, Madrid, Iberoamericana, 2015, p. 7–9. All Spanish-to-English translations are mine unless otherwise noted, and all Spanish originals are included in the footnotes.

unfazed by so much night,
a cricket[22].

Poems like this can reunite history in an instant, as David Huerta has often and rightly stated ; and they do so in a utopia, no-place/all-place. Such utopias are valuable as imaginative experiments that many Literature laureates can at times conduct and share with readers.

But, Paz's *Árbol adentro* is far from representative of any of his other works ; it is an apex, a capacious and subtle inscription of the glocal concerns that he had articulated in part or heavy-handedly elsewhere. Sandra Lucía Díaz Gamboa has recognized the exceptional aesthetic of *Árbol adentro*, characterized by what she calls evanescence and infiniverse[23]. With these terms, she attempts to convey the breadth of place- and time-settings of *Árbol adentro* – Europe, India, the Americas, and undesignated outdoor and indoor arenas – from the perspective of, at times, an avowedly contemporary Latin America speaker, at other times, an undesignated speaker from undifferentiated time periods, although always predominantly in Spanish, if with some scatterings of other languages. Titles consist of the names of major artists and politicians to close friends, some familiar to a general educated public and others via researching Paz's network of acquaintances ; living, dead, and long-dead.

I focus on one of the poems in Paz's tour de force *Árbol adentro*, « París : Bactra : Skíros », in the service of displaying his engagement with the perennial genre of pastoral in ways that poetically argue for a new, equal relationship between Latin America and Europe, subtly but powerfully symbolized in the figures of the 20th-century interlocutors of the Mexican (which is to say, American) narrator Paz and the Greek (which is to say, European) addressee Kostas Papaioannou, and startlingly constructed in large part by invoking the 17th-century English (which is to say,

22 The English translation is from the *Nobelprize.org*. The Hispanophone original from « Estrellas y grillos » is « Es grande el cielo / y arriba siembran mundos. / Imperturbable, / prosigue en tanta noche / el grillo berbiquí » (Octavio Paz, *Árbol adentro*, Barcelona, Seix Barral, 1987, p. 18–19).

23 Sandra Lucía Díaz Gamboa, « La estética de la evanescencia en la poesía de Octavio Paz », *Anales de la Literatura Hispanoamericana*, n° 42, 2013, https://revistas.ucm.es/index.php/ALHI/article/view/43673, accessed 14 June 2019.

European) presence of John Milton. Read with this focus, « París : Bactra : Skíros » is a particularly rich case study of Paz's poetic display of the link of Latin America and Europe within the infiniverse forces that are also attendant on the Nobel Prize.

Paz's « París : Bactra : Skíros » overtly and subtly alludes to Milton's pastoral elegy *Lycidas* (1637). It is the concluding poem of « La mano abierta » (« *The Open Hand* »), the fourth of five sections of *Arbol adentro*. After its Hispanophone title is the Hispanophone dedication « *A Nitsa y Rela* » and the Anglophone epigraph that precedes Milton's *Lycidas* (1637), also first published as a concluding poem in the multi-author, multilingual collection *Justa Edouardo King naufrago* : « In this monody the author bewails a learned friend unfortunately drowned in his passage from Chester on the Irish Seas, 1637. And by occasion fortells the ruin of our corrupted clergy. – John Milton, Lycidas, 1637[24] ». After alerting readers to the intertextuality of his and Milton's poems, Paz inscribes the generic and Miltonic elements in *Lycidas.*

In Milton's *Lycidas,* the narrator eases readers into the pastoral elegy by delaying the confirmation that indeed the poem is an elegy until line 8 : « For *Lycidas* is dead, dead ere his prime, / Young *Lycidas*, and hath not left his peer : / Who would not sing for *Lycidas*[25] ? » After the parallel delay of naming the deceased, he repeats Lycidas three times in three lines, signaling deep emotion, a nearly maniac obsession. This heightened emotion traverses the times and spaces represented in *Lycidas*, predominantly Milton's England and Greece, in appropriately unrhymed lines of trimeters to hexameters, before ending in the surprising controlled stanza of the ottava rima, in which the singer of the preceding lines, the « uncouth swain », goes off to a deferred – « To morrow » – and undesignated « fresh Woods, and Pastures new[26] ». While those new promising places are mythic, the sun « dropt into the Western bay » in the ottava rima positions the lone uncouth swain in Milton's homeland in the westernmost part of Europe.

---

24 Octavio Paz, *op. cit.*, p. 634.

25 John Milton, *Lycidas*, in *The John Milton Reading Room*, https://www.dartmouth.edu/~milton/reading_room/lycidas/text.shtml, accessed 6 October 2019, lines 8–10.

26 *Ibid.*, line 193.

In Paz's « París : Bactra : Skíros », it is not until the start of the second sentence of the poem, in line 37, that the narrator at last indicates that the second-person interlocutor Kostas is dead. In the second direct reference to Milton's *Lycidas* – the first is the epigraph, mentioned earlier – the narrator asserts : « You were not Lycidas and you didn't drown in a shipwreck on the Irish Sea, / you were Kostas Papaioannou, a universal Greek in Paris, with one foot in / Bactria and another in Delphos ». While Paz's use of his friend's actual, rather than conventional, Greek name departs from pastoral tradition, he follows the generic and Miltonic tradition in his delay of naming the departed and the use of ancient regional terms, Bactria for the historical Iranian region in Central Asia and Delphos for today's isle of Delos. These are just two of the many places Paz represents before ending in four lines with two rhyming octameters (see original in the endnote for the meter ; the rhyme is maintained in this English translation) : « Kostas, among the frozen ashes of Europe I did not find the egg of the resurrection : / I found, at the foot of the cruel Chimera, drenched with blood, your laugh of reconciliation[27] ». This poetically controlled ending is again mythic and again situates the lone narrator in Europe.

The ending of « París : Bactra : Skíros » provides one of the many keys to the infiniverse that such place- and time-sensitive yet transcendent poems express. For the « Chimera » of Greek mythology is a hybrid creature composed of the parts of many animals.

It is thus representative of Latin America and Europe as parts of humankind's world. Paz, of course, had activated destabilizing and energizing multiplicities even before readers encountered the first word of his 142-line poem ; of places in the title and epigraph ; of languages in the title, dedicatory, and epigraph ; and of time-periods, in its publication year of 1987, 350 years after 1637, when King died and *Lycidas* (193 lines long) was published ; and in the always-changing moment of whenever Paz's poem is read anew. At the beginning of the poem, Paz's infiniverse is fully set in motion with the me of the narrator from « América » searching « among the embers of 1946 for the phoenix's egg » and with the second

27 Octavio Paz, *op. cit.*, p. 635, lines 37–40 : « No fuiste Licidas ni te ahogaste en un naufragio en el mar de Irlanda, / fuiste Kostas Papaioannou, un griego universal de Paris, con un pie en / Bactriana y otro en Delfos ».

person addressee « from Greece » in an indeterminately-placed bustling café in Paris – the subtext of the glocal repercussions of the Second World War is unavoidable[28].

While wholly situated in that here and now, Paz's epigraph and poem invoke and reactivate Milton's poetics of using pastoral conventions that maintain and traverse times and spaces. Milton had used the pastoral tradename Lycidas extending back to Virgil and other writers from ancient European lands rather than the name of an English deity or of the « learned friend » himself, his fellow-student at Cambridge Edward King. Such evasion extends to the little direct information about King that can be derived from the poem[29]. On the one hand, Milton's use of this literary name can seem a bit contrived – too much of showing off his erudition for the collection of elegies written by Cambridge students in Latin, Greek, and English. On the other hand, this and other evasive techniques are touching, appearing as if to shield mourners from the pain that the naming of recently-deceased beloveds and their personal characteristics can cause. Such evasive techniques may account for the endurance of *Lycidas* among subsequent literary mourners, such as the U.K.'s Virginia Woolf, who communicated to William Butler Yeats that she could return unsated over and over again to Milton's pastoral elegy, and the U.S.'s John Berryman, who took a phrase from *Lycidas* for the title for his incisive short story « Wash Far Away » (1976) to write himself into the elegy tradition[30].

The presence of Milton in « París : Bactra : Skíros », and John Donne in the epigraph of the poem « Pilares » (« Pillar ») in *Árbol adentro*, demonstrates a capacious vision of Renaissance literary and colonial systems with emerging global systems. Oliver Kozlarek calls attention « from a

28 Octavio Paz, *op. cit.*, p. 634, lines 1, 3 : « entre las pavesas de 1946 el huevo del Fénix ; de Grecia ».

29 For biographical information about Edward King, see Gordon Campbell, « Edward King, Milton's *Lycidas* Poems and Documents », *Milton Quarterly*, vol. 28, nº 4, 1994, p. 77–84. Paz explains many of the poems at the end of the book, including « París : Bactra : Skíros » (p. 189–193). In that ending paratext, he also avoids naming Papaioannou's cause of death, as do I, respectfully.

30 For more on the reception of *Lycidas*, including by Woolf and Berryman, see Paul Alpers, « The Lives of *Lycidas* », in *A Concise Companion to Milton*, 2nd ed., ed. by Angelica Duran, Malden, Wiley-Blackwell, 2011, p. 95–110.

sociological perspective » to Paz's early prose work *Labyrinth*, as a starting point for Paz's relentless and « ongoing efforts to identify the cultural and social mechanisms that link Mexico's colonial past to its postcolonial present ». Part of the difficulty that requires herculean, poetic efforts is the dominant mode of positioning European culture over American culture, especially the global South, and of established world literature authors over new ones, or ancients over moderns to resuscitate the old terms for this still-important oppositional dynamic. Kozlarek summarizes the interpretation that Paz achieved and shared with other Mexican *literados* like José Vasconcelos of a blending of the old with the new, the American with the European, that does not require fixed positionings :

> When the cultures of Europe and America mixed in the New World the result of this cultural miscegenation (*mestizaje*) was a new trans-Atlantic culture that transcended spaces. The issue of *mestizaje* is among the most important constants found in the works of Latin American intellectuals, for it is only from this perspective that the world takes on another aspect, no longer the space where each one can withdraw into one's own field, his own country, his own culture. It has become an abundant wellspring of ideas and cultural wealth in the generation of which all human beings can potentially participate while it is simultaneously available to all. Appropriating elements of « foreign » cultures thus becomes a virtue, and knowledge of the deficiency of one's own culture a kind of fundamental experience[31].

Kozlarek also notes trenchantly that « [w]hat makes cultures and societies different is the way in which they deal with [a universal sense of solitude] and, especially, how they strive to defeat the existential anxiety that solitude produces. Paz perceived Mexico as a society in which forms of social interaction have been perpetuated that continue to make it very difficult to engage in human relations that are satisfying and, as such, capable of assuring a fulfilled life[32] ».

But what is the value of the Pazian perspective derived from a sociological perspective and how does it coordinate with a literary perspective and prize culture ? The value is to offer and attract compassion across spaces and times. Paul Alpers convincingly articulates the strong but secondary

31 Oliver Kozlarek, *Postcolonial Reconstruction : A Sociological Reading of Octavio Paz*, New York, Springer, 2016, p. 17.

32 *Ibid.*, p. xiii–xiv.

significance of the *locus amoenus* in the pastoral genre to the genre's primary mode of representation in which « herdsmen and their lives represent human lives and situations ». He also demonstrates that the function of pastoral elegies in particular « is to sustain the pastoral world in the face of its loss » through compassion and community, if even fleating, or across centuries, or in writing[33]. The pastoral, in sync with Paz's lifelong project, expresses an understanding of the « dialectic of "solitude" and "communion" as the motor of history in general ». As Kozlarek observes, « thus he wrote that historical experiences are "intimate and collective", one's own but at the same time "of everyone" », to which we should add « for all time », to re-invoke Jonson and Shakespeare[34]. In Paz's own words from the aptly-titled « El poeta en su tierra » (« The Poet in his Homeland »), « [a]ll my writings are in relations – even in co-existence – with that which is sometimes called *otherness*. In my most intimate poems, in which I speak with myself, I speak with the *other* that I am ; in my erotic poems, with the *other* [feminine] ; in my writings that touch upon themes of religion, metaphysics or philosophy, I interrogate the Other. Men and women always live *with* others and *before* the Other[35] ». It is Paz's obsessive theme. It is the Nobel Prize in Literature at its best.

Some conclusions

My primary area of research is Renaissance literature, works created during the early modern period in which excellence was not as closely connected with prizes as it is today[36]. As Shakespeare's King Henry V says near the conclusion of the eponymous play, « we are the makers of manners », that is we decide what resonates with our own pure and impure standards of literary excellence or at least literary circulation, both

---

33 Paul Alpers, *op. cit.*, p. 100–101.

34 Oliver Kozlarek, *op. cit.*, p. 28.

35 Octavio Paz and Braulio Peralta, « El poeta en su tierra », in *Obras Completas 15, Miscelánea III. Entrevistas*, Mexico City, Fondo de Cultura Económica, 2003, p. 393.

36 For example, England's first official poet laureate was John Dryden in 1667, the year that Dryden's *Annus Mirabilis* and Milton's *Paradise Lost* were first published.

of which adhere to the Nobel Prize in Literature, whatever the pure and impure standards of the selection committees over the years[37]. In using those loaded terms, I am here invoking one last time the terms of James English on prize culture : « A "pure" form of capital, which would have to be perfectly nonfungible across fields, is neither possible nor desirable. Every type of capital everywhere is "impure" because it is at least partly fungible, and every holder of capital is continually putting his or her capital to work in an effort to defend or modify the ratios of that impurity[38] ». A changing committee centralized in Sweden and Norway (which is to say, in Europe) can only animate the felt legitimacies of groups of works also legitimized on personal, institutional, national, universal, international, and global levels. They are an important but only single node in the circuit of shared cultural power, cultural power that Latin American Nobel Prize laureates can at times help us see how to activate. And so it is that I give one, Octavio Paz, the last word : « An attentive and loving eye will perceive in this diversity of works and epochs, a certain continuity. Not the continuity of a style or an idea, but something more profound and less definable : a sensibility[39]. »

Bibliography

Alpers, Paul, « The Lives of *Lycidas* », in *A Concise Companion to Milton*, 2nd ed., ed. by Angelica Duran, Malden, Wiley-Blackwell, 2011, p. 95–110.

37 For recent assessments of the difficulties of that ideal, see Judith Vonberg, « Nobel Prize in Literature Postponed after Sexual Misconduct Scandal », *CNN Online*, 4 May 2018, https://www.cnn.com/2018/05/04/europe/nobel-prize-for-literature-swedish-academy-postponed-intl/index.html, accessed 21 April 2019 ; and Mikael Östlund/The Nobel Foundation, « Nobel Prize in Literature to be Awarded Again », *The Nobel Prize*, https://www.nobelprize.org/press/#/publication/5c7e5b45d7332000048d54df/552bd85dccc8e22c00e7f979?&sh=false, accessed 21 April 2019.

38 James English, *op. cit.*, p. 10.

39 Octavio Paz, « Will for Form », in *Mexico. Splendors of Thirty Centuries*, ed. by the Metropolitan Museum of Art (New York), Boston, Bulfinch Press, 1990, p. 4.

Campbell, Gordon, « Edward King, Milton's *Lycidas* Poems and Documents », *Milton Quarterly*, vol. 28, n° 4, 1994, p. 77–84.

Díaz Gamboa, Sandra Lucía, « La estética de la evanescencia en la poesía de Octavio Paz », *Anales de la Literatura Hispanoamericana*, n° 42, 2013, https://revistas.ucm.es/index.php/ALHI/article/view/43673, accessed 14 June 2019.

Dunne, Nora, « Nobel Prize in Literature : Which Latin American Writers Have Won ? », *The Christian Science Monitor*, 7 October 2010, https://search.proquest.com/docview/756922898?accountid=13360&rfr_id=info%3Axri%2Fsid%3Aprimo, accessed 26 May 2019.

English, James, *The Economy of Prestige : Prizes, Awards, and the Circulation of Cultural Value*, Cambridge, Harvard University Press, 2005.

Felperin, Howard, *Shakespearean Representation : Mimesis and Modernity in Elizabethan Tragedy*, Princeton, Princeton University Press, 2015.

Jonson, Benjamin, « To the Memory of My Beloved, the Author. Mr. William Shakespeare ; and What he Hath Left Us », in William Shakespeare, *Mr. William Shakespeares Comedies, Histories, & Tragedies Published According to the True Originall Copies*, London, Isaac Iaggard and Eward Blount, 1623.

Kozlarek, Oliver, *Postcolonial Reconstruction : A Sociological Reading of Octavio Paz*, New York, Springer, 2016.

Leloir, Luis F., « Far Away and Long Ago », *Annual Review of Biochemistry*, n° 52, 1983, p. 1–15.

Martínez, Rogelio, *México en la obra de John Steinbeck*, Bloomington, Palibro, 2017 (rev. 2018).

Meidl, Martina, *Poesía, pensamiento y percepción : una lectura de* Árbol adentro *de Octavio Paz*, Madrid, Iberoamericana, 2015.

Milton, John, *Lycidas*, in *The John Milton Reading Room*, https://www.dartmouth.edu/~milton/reading_room/lycidas/text.shtml, accessed 6 October 2019.

Östlund, Mikael/The Nobel Foundation, « Nobel Prize in Literature to be Awarded Again », *The Nobel Prize*, https://www.nobelprize.org/press/#/publication/5c7e5b45d7332000048d54df/552bd85dccc8e22c00e7f979?&sh=false, accessed 21 April 2019.

Paulson, Ronald, *Don Quixote in England : The Aesthetics of Language*, Baltimore, Johns Hopkins University Press, 1998.

Paz, Octavio, *Árbol adentro*, Barcelona, Seix Barral, 1987.

Paz, Octavio, « Will for Form », in *Mexico. Splendors of Thirty Centuries*, ed. by the Metropolitan Museum of Art (New York), Boston, Bulfinch Press, 1990.

Paz, Octavio and Peralta, Braulio, « El poeta en su tierra », in *Obras Completas 15, Miscelánea III. Entrevistas*, Mexico City, Fondo de Cultura Económica, 2003.

Radhakrishnan, Rajagopalan, « World Literature, by Any Other Name ? », *PMLA*, vol. 131, n° 5, October 2016, p. 1396–1404.

Vonberg, Judith, « Nobel Prize in Literature Postponed after Sexual Misconduct Scandal », *CNN Online*, 4 May 2018, https://www.cnn.com/2018/05/04/europe/nobel-prize-for-literature-swedish-academy-postponed-intl/index.html, accessed 21 April 2019.

Mihaela Ursa

« You Should Just Be Proud ! » A Nobel Farce

Abstract : A few years ago, the Romanian Academy has been the victim of an elaborate farce involving the Nobel trademark. This is the pretext of an analysis of how the literary Nobel mythology can become instrumental in operations of nationalizing the ways of understanding literary value. This essay also looks at how the history of the literary award, seen from the perspective of the Nobel committee, compares to the same history as seen from the perspective of a marginal culture.

Keywords: Nobel Prize for Literature, Romanian literature, literary value, cultural nationalism, marginal cultures.

Résumé : Il y a quelques années, l'Académie roumaine a été victime d'une farce élaborée impliquant la « marque déposée » Nobel. C'est l'occasion d'analyser la façon dont la mythologie littéraire du Nobel peut être utilisée dans les opérations de nationalisation des moyens de comprendre la « valeur » littéraire. Cet article examine également comment l'histoire du prix, perçue du point de vue du comité Nobel, peut être comparée à la même histoire observée du point de vue d'une culture marginale.

Mots-clés : prix Nobel de littérature, littérature roumaine, valeurs littéraires, nationalisme culturel, cultures marginales.

A few years ago, a literary scandal elicited a great deal of national turmoil in Romania. An investigation[1] by *Scena 9* (*New Scene*) showed that the Romanian Academy had been the victim of an elaborate and fiction-worthy farce involving the Nobel trademark. This is the pretext of an

1 The Romanian version was published on January 14, 2019, and conducted by reporters Andra Matzal, Ioana Pelehatai, Ionut Sociu and Luiza Vasiliu. The English version was published as Andra Matzal *et al.*, « The Fake Nobel that Duped the Romanian Academy », *Scena 9*, 19 January 2019, https://www.scena9.ro/en/article/romanian-academy-nobel-florent-montaclair-chomsky, accessed 24 May 2019.

analysis of how, apart from a compulsion to nationalize the laureates, the literary Nobel mythology can become instrumental in operations of also nationalizing the ways of understanding literary value in connection to group identity and to international validation. The text also looks at how the history of the literary award, seen from the perspective of the Nobel committee, here represented by Kjell Espmark, one of its presidents, compares to the same history as seen from the perspective of a marginal culture (the Romanian one), here represented by its most knowledgeable Nobel scholar, Laurentiu Ulici, one of the chairmen of the Romanian Writers Association and a collaborator of the Romanian Academy.

The president of the Literature Department of the Romanian Academy and ex-president of the institution, Eugen Simion (born 1933), a famous Romanian literary critic and coordinator of some major editorial projects[2] of the Romanian Academy, was notified to had been awarded, in December 2018, the « Gold Medal for Philology Alfred Nobel, the Nobel Prize for Philology », a medal said to also had been won by Umberto Eco and Noam Chomsky[3]. The news was enthusiastically colported by the Romanian press, all publications and journals praising the achievement and glorifying « the first Romanian Nobel ».

The so-called « official message » read : « the idea of a special prize for critics and researchers in literature or grammar was born in 1927, when the Nobel Prize for Literature was awarded to the French philosopher Henri Bergson, who was neither a poet, nor a novelist. [...] A golden medal of philology in the memory of Alfred Nobel ». The announcement ended with « Congratulations to Romania[4] ! » and everything was signed by the International Society of Philology, namely Florent Montaclair, the vice-chairman of the society, and Martin Balmont, its chairman.

---

2 Selective editions : *The General Dictionary of Romanian Literature*, the complete series of facsimiles of the national poet Mihai Eminescu's works and the Academy collection of *Fundamental Works*.

3 A copy of the diploma and all the other references about the scandal and the identity of those involved can be found here : https://www.scena9.ro/en/article/romanian-academy-nobel-florent-montaclair-chomsky.

4 All references to the investigation of *Scena 9* reporters from the above cited English version.

The investigators of *Scena 9* « spiralled down a rabbit hole of lies, false information, and distortions » when they contacted the Swedish Academy, whose representatives had no knowledge of the medal and, even more, stressed out the fact that, since the « Nobel Prize » is a trademark of the Nobel Foundation, they were ready to take legal action in the case of trademark infringement. The reporters also got in touch with other centres and organizations whose names appear in the official news about the medal : the UNESCO representatives claimed they had no affiliation registered for the alleged Society of Philology, and all the research centres of Besançon, Delaware, and Canada denied any connection both to the Society of Philology, and to the individual names claiming to chair it. To top it off, Noam Chomsky, supposedly its honorary chairman, answered that he had no recollection of the society, the individuals involved, or the medal.

The results of this thorough detective work revealed that the fake prize had been created by Florent Montaclair (born 1970), a PhD on Jules Verne, whose research interests include vampires, fantasy literature, Eugen Ionesco, and 19th-century literature. Living in Montbéliard and teaching at ESPE Belfort, the alleged writer Montaclair (also possibly using the pseudonym of Martin Balmont) is the president of the International Philology Society. When contacted by the reporters, a very annoyed Montaclair answered : « it is *very, very, very* strange that the Romanian press is interested in something that is just internal. Imagine the University of Bucharest awarding a HC to a Chinese... why should this interest everyone, the large public, to mobilize energies and elicit controversies ? [...] *You should just be proud* that a Romanian is internationally acclaimed. »

It is here, in this annoyed, unintentional reaction of Montaclair, that lies one of the deepest motivations for the special « longing for the Nobel » in Eastern Europe, most particularly in Romania. How was the farce possible? Why was it possible at such a high level ? How did Montaclair know that he could find fertile ground for implementing his professional charade here ? These are but a few of the many questions arising from the situation. At the root of their answers lies the fundamental literature-centrism of the modern Romanian culture as a whole, as well as an internationalization complex and a self-colonizing sensitivity that made Montaclair take the condescending pose of demanding recognition for recognizing in his turn national value as international : « you should just be proud ! »

Relying heavily on literature for a national self-definition, modern Romania kept the symbolic capital of literature at its core even in the 21st century, when a number of statistics showed a dramatic drop in literary reading (30 % of the respondents to the inquiries of the Cultural Consumption Barometer[5] in 2018 answer they read a book only a few times a year and 36 % answer they never read a book – as opposed to reading being the most generalised hobby before 1990). Nevertheless, this does not change the fact that literature-related issues frequently make it in the main news streams and periodically agitate the waters of social debate with a vigour explained only by the strong symbolic capital that books, writers and literary matters still retain in Romania, even if people no longer read enough to claim informed participation in these debates.

Besides the obvious sensationalism of the entire ridiculous affair of the Nobel medal, there is a layer of meaningful significations that should be taken into account, in the light of how the literary Nobel and international value relate to one another. The above farce was of course possible because of the hyper-valuation, in the Romanian culture, of the *literary* Nobel. By far, the most awaited Nobel award in the Romanian world is not the one for Peace or for Chemistry, but the one for Literature. This gives an accurate idea about the extent of the literature-centrism within this part of Europe (similar to that of other Eastern European countries and of Russia), but mostly speaks about the existence of a Nobel fetish, relying today, more than before, on the fetishisation of books, the material remains of a literary culture.

In a journal editorial, Alina Mungiu-Pippidi (born 1964), a Romanian political scientist, bitterly insists on the lack of a Romanian program for « elite performers », which is « the most important political problem of present-day Romania » as well as the reason why « we systematically miss the target of value promotion and high value production » : « There is a failed project in the creation of a social mechanism of value selection

5 See Carmen Croitoru and Anda Becut-Marinescu (ed.), *Barometrul de consum cultural 2018. Dinamica sectorului cultural in anul Centenarului Marii Uniri*, Bucharest, Editura Universitara Universul Academic, 2019, p. 62–64, also available at https://www.culturadata.ro/wp-content/uploads/2019/10/Barometrul-de-consum-cultural-2018-web.pdf, accessed 20 May 2019.

and promotion and this is why it is forever broken, regardless if it involves writers who could get the literary Nobel, or politicians who could be European ministers[6]. »

The Romanian literary establishment, for which the Romanian Academy is representative, has a number of antecedents that have made the above farce possible. Some endeavours of literary history or editorial policy from the 1980s give a good idea about the importance of the literary Nobel on Romanian grounds and about the energy spent in simply situating the award criteria. An edited volume is published in 1983, entitled *Laureații Premiului Nobel pentru Literatură*, as an almanac of the *Contemporanul* (*The Contemporary*) magazine, a weekly publication of The Council for Socialist Culture and Education, under the supervision of Dumitru Radu Popescu (born 1935), who was the President of the Romanian Writers Association at the time.

It should be noted that the Romanian Writers Association maintained at the time a public aura of counterpolitical institution, and of liberal creativity, in spite of being just as political as all the other cultural institutions under Ceaușescu. More than that, the institution of *the writer* enjoyed in that context the public privileges of a rock star of the free world, being branded along the same lines and usually having exceptional social privileges and more money than other professionals and even than other union artists.

Meant as a volume for the larger public, the book includes the main biographical and bibliographical data of the winners of the Nobel Prize for Literature from 1901 to 1982, with an anthology of representative texts, some of them translated into Romanian for the first time by some of the most important translators of the day (alphabetically : Andrei Brezianu, Israil Bercovici, Ioan Comșa, Aurel Covaci, Domnița Dumitrescu Sîrbu, Micaela Ghițescu, Andrei Ionescu, Ion Ianoși, Leon Levițchi, Radu Lupan, Florin Murgescu, Irina Mavrodin, Ion Petrică, Sevilla Răducanu, Voislava Stoianovici, Grete Tartler, and Laurențiu Ulici). My childhood memory actually recollects how the volume was sold under the table, as well as

6 Alina Mungiu-Pippidi, *De ce nu iau românii premiul Nobel* [*Why Romanians Cannot Land a Nobel*], Iassy, Polirom, 2011, p. 16.

how frantically my mother and her friends had tried for weeks to get hold of a copy.

In the short « Afterword », Laurențiu Ulici (1943–2000), the real editor of the anthology, mentions that the meaning of the literary Nobel is, more than in the case of the other Nobel Prizes, that « the existence of the great writers and great literatures of the 20th century has always been upfront related to a pacifist ideal, to a humanist vision of the social-historical life of humankind, to an unfaltering trust in the building power of people and to hope in the future[7] ». This may be an effect of the pacifist must of public discourse at the time, but it most probably speaks about the author's belief in the universality of literary values, directly deriving from their peace-implementing powers. The issue of universal peace is strongly related in context to that of universal value, which explains why, when speaking about literary value, Ulici never falters in his implication that it is not only identifiable from any cultural vantage point, but also that it looks the same, regardless who is contemplating it and from where.

In the same text, Ulici decries the fate of those great writers who have been in the Nobel cards, without ever being winners. This way, he anticipates the volume edited in 1988, published under his supervision with Cartea Românească Publisher, and titled *Nobel contra Nobel*. This second Romanian book on the literary Nobel offers a more elaborate afterword by the same Ulici. Apart from the nod to the French Academy, a cultural and institutional model for the largest part of the Romanian culture of the 1960s and 1970s, highly valued here along with the Swedish Academy, thanks to the Great Prize for the Novel (le Grand Prix du Roman), founded in 1918, Ulici contends that « the Nobel Prize would be the fourth link in the validation chain, and the most determined to go beyond its own ephemerity to be reckoned in the Court of Time[8] », after the Reader, Literary Criticism and the French Academy.

In his gallery of capitalized terms, the author differentiates between reader validation (« what they like »), the validation of literary criticism

7 Laurentiu Ulici (ed.), *Laureații Premiului Nobel pentru literatură* [*The Laureates of the Nobel Prize for Literature*], Bucharest, Editura Academiei, 1983, p. 626.

8 Laurentiu Ulici, *Nobel contra Nobel*, Bucharest, Cartea Romaneasca, 1988, p. 561.

(« what majorly suits the taste and experience of a historical period »), the French Academy validation (« according to the national patrimony »), and the Swedish Academy validation (« the opinions of the Swedish academics »). While taste seems to rule over this first set of distinctions, a second criterion is introduced as the author lists incongruities between awarding the Nobel Prize, on the one hand, and making those writers well-known to the large public, on the other. There is no use in winning, the Romanian author explains, if the public does not like you and if your books are not read beyond the tight margins of your decade.

The discontent with the Nobel award criteria was expressed in Romania as early as 1940, when poet Al. A. Philippide (1900–1979) writes on how « mediocre writers[9] » like José Echegaray, Jacinto Benavente, Frans Eemil Sillanpää, Pearl Buck, and others, while receiving the prize, were soon forgotten. Building on the same conviction, Ulici includes among « the now forgotten » laureates not only Karl Gyellerup (1917), Jacinto Benavente (1922), or Johannes Jensen (1944), but also Sully Prudhomme (1901) and Pearl Buck (1938). He also makes a list of « survivors » in the « middle of the field of reception between 1901 and 1950 » (Thomas Mann, Eugene O'Neill or Luigi Pirandello) and mentions the perils of meteoric glory, « especially after 1965[10] ». The author enjoys proposing names of authors who, while not being laureates in 1988, when the volume is published, will most probably be awarded in the years to follow. Among them, there are some who indeed were awarded the prize, such as Octavio Paz (the laureate of 1990), Günter Grass (1999), Mario Vargas Llosa (2010), and Harold Pinter (2005), as well as a few names of Romanian authors who never got the prize (such as the poet and philosopher Lucian Blaga, the Romanian-born French writer Eugène Ionesco, the poet Nichita Stănescu, and the poet Marin Sorescu).

The entire project is deconstructive, since it does not propose a list of « losers », but a list of absent winners. Needless to say that its function as an alternative counter-Nobel was obvious to the Romanian reader. As to most critics of his generation, the question of how one measures literary value appears clear to Ulici, as well as implicit. With no reference to how

9 *Ibid.*
10 See *ibid.*

one could actually account for literary value in a generalizing system, he contends that his selection for the book, including important, seminal authors who did not get the Nobel Prize, is entirely guided by « the rule of value », more precisely by the rule of *literary and moral* value – as it was meant in the testament of Alfred Nobel. A very interesting point arises when the author acknowledges the fact that moral value and literary value do not always take the same side, ending up, as it happens, apart from each other. It remains unclear what Ulici means by that, but he most probably refers to the idea that really good books « teach » good moral values. This is where he introduces an anti-contextualist argument : « when the moral value does not reside within the literary value everything goes downwards to – as it had happened in the past – the complete elimination of the moral value. This is how all kinds of usurpers show up among the criteria, ones that are complete strangers to the axiology of Alfred Nobel's testament, such as *the ethnical, the geographical, the political*, etc.[11] ». Post-colonial or post-communist approaches are not yet known to Ulici, and neither is their theory to the Romanian public or academics at the end of the 1980s. But there is a high probability that, in fact, Laurentiu Ulici objects to them, imbued as he is with the mainstream understanding of literary value of his context, namely that the aesthetic principle and theory are the only proper ones in understanding literature.

For comparison, international analyses[12] of how the award criteria have changed show a transgression from some form of rewarding idealism (1895 : « most outstanding work in an ideal direction ») to an ethical focus on the « unknown masters » (*i.e.* Elias Canetti being awarded as a result of this policy, which remains visible from 1971 onwards), and to a democratic representation of « the literature of the whole world » (mainly from 1986 onwards). Kjell Espmark, chairman of the Nobel committee from 1985 and well-known analyst and historian of the fluctuating

11 *Ibid.*

12 See Kjell Espmark, « The Nobel Prize in Literature », in Agneta Wallin Levinovitz and Nils Ringertz (ed.), *The Nobel Prize : The First 100 Years*, London, Imperial College Press, 2001, p. 137–161, also available at https://www.nobelprize.org/prizes/themes/the-nobel-prize-in-literature-3, accessed 15 May 2019.

interpretations of Nobel's will, concedes that « at the beginning of the new century (21st) it has become the Literary Prize that its name announces ».

To summarize Espmark's history of changing criteria, we should note his critique of « the idealist approach », due to the fact that ideals and idealism are problematic to define in a homogeneous fashion. Behind the request for high ideals lies, according to Espmark, a conservatist approach revering the sacredness of church, state and family and explaining why Kipling and Paul Heyse are preferred, between 1901 and 1912, to Tolstoy and Ibsen. So far, the Romanian Ulici notices, as Espmark does, a partial substitution of the literary value by the moral one (« the idealist » one). The difference between the views of these two authors, looking back on the literary Nobel criteria from different points within the cultural value market, occurs with regard to the benefits of rewarding idealism as good literature. While Espmark remains sceptical at best (if not straightforwardly critical), Ulici agrees that – if there is little literary value – at least one should make certain there is enough moral value within the literature of the laureates.

A political criterion takes precedence between 1913 and 1920, when the Nobel committee assumes a « policy of neutrality[16] », which produces laureates from the small nations, mostly Swedes, Danes and the Norwegian Knut Hamsun. The 1920s and 1930s share views of the importance of « the great style » and « wide hearted humanity » (rewarding Thomas Mann, Anatole France, or George Bernard Shaw), as well as of « the greatest benefit of mankind » (explaining why Sinclair Lewis and Pearl Buck are preferred instead Paul Valéry and Paul Claudel). In fact, this insistence on humanity and mankind is very similar to the belief in humanist, universal values discussed above. Later on, representatively for the policies of the 1930s, the rejection of Hermann Hesse is explained as a warning against « ethical anarchy » and lack of « plastic visuality ». Hesse would have to wait for the next decade, more open to admit the founding importance of aesthetic innovation. This trend of the 1940s, continued as a trend until the present, albeit inconsistently, will start a line of recognition of « the pioneers » of writing, a series which included Gide (1947), Eliot (1948), Faulkner (1949) and Beckett (1969), but also Naguib Mahfouz (1988) and Gao Xingjian (2000).

As far as the political criterion is concerned, Ulici objects to its consideration as to a form of « usurpation » of what literature should be about[13]. Interestingly enough, he is more upset by the unworthy inclusions than by the exclusions. He exemplifies with the inclusion of Harry Martinson (1974) for reasons of « local patriotism », of Wole Soyinka (1986) for ones of « geography », and of Joseph Brodsky for reasons of « political views[14] ». Once again he claims that the Nobel committee should be using « the same balance, that of literary value », implying that there is a direct connection between literary value and universality.

The most important reasons for criticism still addressed to the Nobel committee are summarized by Espmark as follows : political intentions of literary axiology, an innate Eurocentrism, and the questionable dependence on the issue of nationality. It is the last one that has elicited a lot of debate during the time after the publication of Espmark's synopsis, and also that remains completely absent from Ulici's analysis, conducted under the communist nationalist regime. In 2011, Djelal Kadir tackles the issue of fractured nationality and national identification when speaking about the perplexing situation of Gao Xingjian, a Chinese émigré, being awarded the prize in 2000, refusing to self-identify as Chinese in response to the political situation of China, and claiming instead to be a French citizen. The question of national identification stays more and more problematic throughout the new century. In the case of the 2009 award to Herta Müller, the Romanian-born German writer, the problem of nationality is again a hot issue, mostly in Romania, where the writer is already known for her work and from where she emigrates in 1985, aged 32. When considering different cultures and especially literary cultures, there is always a divergence, Kadir notes, between « the people's republic of state and the people's republic of letters[15] ». However, this is a distinction that not only does not exist in Ulici's analysis, but also, judging by the echoes of Herta

13 See Laurentiu Ulici, *Nobel contra Nobel*, *op. cit.*, p. 562.

14 *Ibid.*, p. 564.

15 Djelal Kadir, *Memos from the Besieged City : Lifelines for Cultural Sustainability*, Palo Alto, Stanford University Press, 2011, p. 61.

Müller's prize in Romania, is a very difficult one to assume in cultures where national identity was never unproblematic[16].

The implicit compulsion to « nationalize » writers is quite visible throughout the entirety of the Nobel Prize history, even if less so during the last decades, when the question of nationality has been further complicated due to worldwide migration. As it happens with institutions (academies, prizes), which are by definition conservative forms, and among the first to nationalize, the institution of the literary Nobel manifests due inertia to change, although the value of adjusting to the times is there in its considerations. The possibility of a migrant non-identity might prove an appropriate solution in the years to come.

To the Romanians however, the identity issue still seems in need of a national confirmation by internationalization as the one implied in the award of the literary Nobel. The weight of Ulici's argument I have been citing in this chapter is to be found at the end of his « Afterword », where he admits partial defeat in his campaign for the sole criterion of literary value as long as the implementation tool for this valuation is the process of reading, which, taken collectively and not individually, is « a sort of Civil War in which everybody takes part, but very few really know the reason why and can define the common cause[17] ». A compulsion to nationalize is at work not only as far as writers are concerned, but also with regard to what the literary Nobel means in terms of cultural and symbolic capital. To the Romanian public and Academy alike, the most important literary award is, at it seems, much more than just a literary award, namely still a means of national validation, making the risks of trafficking cultural capital worth taking.

This paper has been supported by UEFISCDI grant PN-III-P4-ID-PCE-2020-2006.

16 More about this case in Mihaela Ursa, « National Literature Gone Comparative : Mobility Challenges in Romanian Studies », in Nikol Dziub and Frédérique Toudoire-Surlapierre (ed.), *Comparative Literature in Europe : Challenges and Perspectives*, Cambridge, Cambridge Scholars Publishing, 2019, p. 141–159.

17 Laurentiu Ulici, *Nobel contra Nobel*, *op. cit.*, p. 565.

Bibliography

Croitoru, Carmen and Becut-Marinescu, Anda (ed.), *Barometrul de consum cultural 2018. Dinamica sectorului cultural in anul Centenarului Marii Uniri*, Bucharest, Editura Universitara Universul Academic, 2019, also available at https://www.culturadata.ro/wp-content/uploads/2019/10/Barometrul-de-consum-cultural-2018-web.pdf, accessed 20 May 2019.

Espmark, Kjell, « The Nobel Prize in Literature », in Agneta Wallin Levinovitz and Nils Ringertz (ed.), *The Nobel Prize : The First 100 Years*, London, Imperial College Press, 2001, p. 137–161, also available at https://www.nobelprize.org/prizes/themes/the-nobel-prize-in-literature-3, accessed 15 May 2019.

Kadir, Djelal, *Memos from the Besieged City : Lifelines for Cultural Sustainability*, Palo Alto, Stanford University Press, 2011.

Matzal, Andra *et al.*, « The Fake Nobel that Duped the Romanian Academy », *Scena* 9, 19 January 2019, https://www.scena9.ro/en/article/romanian-academy-nobel-florent-montaclair-chomsky, accessed 24 May 2019.

Mungiu-Pippidi, Alina, *De ce nu iau românii premiul Nobel* [*Why Romanians Cannot Land a Nobel*], Iassy, Polirom, 2011.

Ulici, Laurentiu (ed.), *Laureații Premiului Nobel pentru literatură* [*The Laureates of the Nobel Prize for Literature*], Bucharest, Editura Academiei, 1983.

Ulici, Laurentiu, *Nobel contra Nobel*, Bucharest, Cartea Romaneasca, 1988.

Ursa, Mihaela, « National Literature Gone Comparative : Mobility Challenges in Romanian Studies », in Nikol Dziub and Frédérique Toudoire-Surlapierre (ed.), *Comparative Literature in Europe : Challenges and Perspectives*, Cambridge, Cambridge Scholars Publishing, 2019, p. 141–159.

Clara Lévy

Les effets du prix Nobel sur la trajectoire de Patrick Modiano dans le champ littéraire

Résumé : Après avoir rappelé quelques caractéristiques de la trajectoire de Patrick Modiano (prix Nobel 2014) dans le champ littéraire, nous consacrerons notre texte aux effets de l'obtention du prix Nobel du point de vue de la diffusion des ouvrages, Modiano ayant vu, comme tous les autres prix Nobel de littérature, exploser à la fois ventes et tirages non seulement sur le marché français, mais également sur les marchés de la littérature française à l'étranger.

Mots-clés : Patrick Modiano, effet prix Nobel, champ littéraire, presse, diffusion.

Abstract : After recalling some characteristics of the trajectory of Patrick Modiano (Nobel Prize winner in 2014) in the literary field, this article analyses the effects of the Nobel Prize in terms of the diffusion of works, Modiano having experienced, like all the other Nobel Prize winners in literature, an explosion in both sales and print runs not only on the French market, but also abroad.

Keywords : Patrick Modiano, Nobel Prize effect, literary field, press, distribution.

Introduction : Modiano avant le prix Nobel

Le 9 octobre 2014, le prix Nobel de littérature a été attribué à l'écrivain Patrick Modiano pour « l'art de la mémoire avec lequel il a évoqué les destinées humaines les plus insaisissables et dévoilé le monde de l'Occupation ». Le secrétaire perpétuel de l'Académie suédoise, Peter Englund, a précisé à l'AFP : « Il s'inscrit dans la tradition de Marcel Proust, mais il le fait vraiment à sa manière. Ce n'est pas quelqu'un qui croque dans une madeleine et tout revient à sa mémoire ». L'annonce de l'Académie suédoise a largement surpris les commentateurs, professionnels (la presse, généraliste et littéraire ; l'éditeur, Gallimard ; l'écrivain Patrick Modiano lui-même) comme amateurs (les réactions des lecteurs « ordinaires » sur *Twitter* sont, de ce point de vue, extrêmement significatives), en France comme à l'étranger.

Pourtant, force est de constater que, du point de vue de ses caractéristiques sociales, Patrick Modiano correspond assez bien au modèle du « lauréat moyen » récompensé par le Nobel de littérature. *Le Monde* (09/10/2014) a ainsi rappelé que ce prix, censé être décerné à des auteurs dont l'œuvre « a fait la preuve d'un puissant idéal », avait, en 2014, été attribué à 111 écrivains depuis 1901, et que si l'on compile et agrège les données dont on dispose pour l'ensemble des auteurs récompensés, on peut déterminer un « lauréat moyen », qui serait un Français ou un auteur de langue anglaise, originaire d'Europe, de sexe masculin, et qui écrit des œuvres en prose. Modiano est le quinzième auteur français récompensé – ce qui fait de la France la nation la plus récompensée, devant les États-Unis (12 lauréats), le Royaume-Uni (10), l'Allemagne et la Suède (8 lauréats chacune, dont, pour la Suède, 6 auteurs membres de l'Académie suédoise, avant ou après avoir été lauréats). C'est malgré tout la langue anglaise qui est la plus représentée, puisqu'elle est utilisée par les auteurs britanniques, américains, canadiens, australiens, irlandais, etc., et qu'un des lauréats français, Frédéric Mistral, a été récompensé pour son œuvre en provençal en 1904.

Par ailleurs, lorsqu'on étudie les conditions de possibilité qui ont permis à l'écrivain Patrick Modiano d'être consacré par le prix Nobel, on peut mettre au jour une série de facteurs positifs concernant sa trajectoire dans le champ littéraire : d'abord les parrainages *a priori* inattendus (en particulier ceux de Raymond Queneau et de Jean Cau) qui ont accompagné et facilité son entrée dans le monde littéraire ; conséquemment les maisons d'édition renommées dans lesquelles ses textes ont été publiés (principalement Gallimard, mais aussi, à la marge, Le Seuil) ; ensuite les nombreux prix littéraires, nationaux et internationaux, qu'il a glanés au fil de sa carrière, et ce dès la parution de son premier ouvrage[1] ; puis la reconnaissance universitaire dont ses écrits ont assez tôt fait l'objet, en France essentiellement, mais aussi dans plusieurs pays européens et

1 Il est possible, à partir de la page consacrée à Patrick Modiano sur le site de Gallimard et d'un certain nombre de sources complémentaires, de repérer l'ensemble des prix accumulés par l'écrivain au fil de sa carrière – certains pour un ouvrage particulier, d'autres pour son œuvre complet (au moment de l'attribution du prix).

en Amérique du Nord ; et enfin les rapides et multiples traductions qui lui ont permis de construire une notoriété s'étendant au-delà des frontières de la francophonie. Même si l'attribution du Nobel ne saurait évidemment se résumer à l'accumulation de l'ensemble de ces facteurs, leur combinaison réussie permet de mieux comprendre la trajectoire de Modiano jusqu'à l'obtention de ce prix.

Nous souhaiterions ici nous attacher aux effets de l'obtention du prix Nobel du point de vue de la diffusion des ouvrages : Patrick Modiano, comme tous les autres prix Nobel de littérature, a en effet vu exploser à la fois ventes et tirages non seulement sur le marché français, mais également sur les marchés de la littérature française à l'étranger, puisque, suite à l'obtention du prix Nobel, se sont multipliés les nouveaux tirages d'une part, et les mises en œuvre de nouvelles traductions de ses ouvrages jusque-là non encore diffusés d'autre part.

L'effet Nobel sur les tirages et les ventes en France

C'est à partir du dépouillement des quotidiens et magazines français dans les jours, les semaines et les mois qui ont suivi l'attribution du Nobel que cette notable augmentation des ventes de ses ouvrages peut être mise en évidence. Signalons que, avant même l'obtention du prix Nobel, Patrick Modiano est un auteur qui « vend bien », ce dont attestent les chiffres de tirages et de ventes disponibles. Au moment de l'attribution du Nobel, *Le Monde* du 15 octobre 2014 rappelle ainsi que chaque nouveau roman de Patrick Modiano réalise en moyenne entre 60 000 et 80 000 ventes dans les mois qui suivent sa parution[2]. L'ouvrage *Pour que tu ne te perdes pas dans le quartier*, publié juste avant l'annonce du prix, est d'ailleurs tiré initialement lui aussi à 60 000 exemplaires, et rencontre déjà un franc

---

2 Modiano ne se trouve donc ainsi absolument pas dans la position des écrivains « moyens » étudiés aussi bien par Bernard Lahire que par Cécile Rabot et Gisèle Sapiro, et dont l'écriture constitue une activité « à côté » d'une profession alimentaire (voir Bernard Lahire, *La Condition littéraire. La double vie des écrivains*, Paris, La Découverte, 2006 ; et Cécile Rabot et Gisèle Sapiro (dir.), *Profession ? Écrivain*, Paris, CNRS Éditions, 2017). D'autant que l'auteur a en outre reçu au fil de sa carrière des sommes parfois importantes liées à certains des prix littéraires qu'il a remportés.

succès commercial dès sa sortie le 2 octobre, puisqu'il occupe peu après la neuvième place du palmarès Ipsos/Livres Hebdo.

Il convient par ailleurs de souligner que la presque totalité des ouvrages de Patrick Modiano (mis à part certains textes aux statuts très particuliers, comme ses trois ouvrages pour enfants, ou encore le texte illustré par Gérard Garouste, *Dieu prend-il soin des bœufs ?*, publié par l'Atelier de l'Acacia en 2003) est systématiquement republiée en livre de poche, dans la collection Folio, après sa parution dans la collection blanche de Gallimard. *La Place de l'Étoile*, le premier ouvrage publié par Modiano, y paraîtra ainsi en 1975 (soit trois ans après la création de la collection Folio), et y connaîtra encore deux nouvelles éditions (ce qui permet des modifications, comme la suppression de la préface de Jean Cau, mais aussi de certains passages rédigés par Modiano lui-même). Au fur et à mesure, le délai entre la parution initiale et la republication en poche s'amenuise : les ouvrages de Modiano remplissent tous les critères pour être rapidement proposés en collection plus économique aux lecteurs… ce qui suscite bien sûr de nouvelles ventes, et éventuellement des rééditions du format poche lui-même.

Le jour même de l'annonce du prix, les ouvrages de l'auteur ont immédiatement été pris d'assaut :

> Après l'annonce du prix Nobel de littérature, jeudi à 13h, les ventes des ouvrages de Modiano ont flambé dans les librairies françaises. Beaucoup d'entre elles ont épuisé leurs stocks, notamment pour la dernière parution de l'auteur, *Pour que tu ne te perdes pas dans le quartier*, mais également pour ses précédents livres. C'est dire qu'elles ne misaient pas nécessairement sur l'écrivain français pour cette prestigieuse récompense : « Nous avons immédiatement fait des commandes de grosses quantités auprès des représentants. On peut parler de bouleversement, car l'œuvre de Modiano va être extrêmement demandée », analyse le responsable de la librairie parisienne *Le Merle moqueur*[3].

Le site de *France tv info* présente le même type de témoignages, recueillis auprès de divers libraires parisiens :

> « En l'espace d'une heure, on a tout vendu », […] se félicitait vendredi la librairie Gallimard (boulevard Raspail) […]. « Tous les livres de Modiano se sont arrachés, en grand format, en poche, dès jeudi », a précisé à l'AFP l'un des libraires de l'enseigne

3 Voir « Nobel de Modiano : les libraires sur le pied de guerre », *Le Figaro*, 10 octobre 2014.

Gallimard, boulevard Raspail dans le 7e arrondissement de Paris. « Il ne nous reste plus aucun de ses romans précédents. Aucune rupture de stock en revanche pour son dernier roman, *Pour que tu ne te perdes pas dans le quartier*, dont nous avions un plus grand nombre d'exemplaires ». [...] Même son de cloche à la FNAC : « il y a eu un effet Nobel immédiat sur les ventes de Modiano. Les magasins parisiens notamment n'ont plus ou presque plus de stock, que ce soit du dernier titre ou de ses œuvres précédentes », dit à l'AFP une responsable [...]. « Ce qui est intéressant, c'est que ce Nobel va aussi mettre en lumière l'œuvre de Patrick Modiano à l'étranger, où il est encore très peu connu. Cela fera aussi mieux connaître, à travers ses romans, la France et Paris. Et Paris, c'est Modiano ! », s'exclame le libraire, qui a reçu de nombreux appels de l'étranger. Il y a aussi les Français curieux, qui n'ont jamais lu un seul livre du prix Nobel et qui veulent le découvrir. « Beaucoup nous l'avouent et nous demandent conseil : "par quoi commencer[4] ?" »

Une semaine après, l'effet Nobel bat son plein, comme l'explique un article du *Point* daté du 17 octobre 2014 :

Patrick Modiano, couronné le 9 octobre par le Nobel de littérature, arrive cette semaine en tête des ventes de romans et se glisse à la deuxième place du Top 20 Ipsos/Livres Hebdo entre Éric Zemmour et Valérie Trierweiler. Paru le 1er octobre, *Le Suicide français* d'Éric Zemmour (Albin Michel) a pris, lui, la tête des ventes d'essais du palmarès Ipsos/Livres Hebdo devant *Merci pour ce moment* (Les Arènes) et celle du Top 20 tous genres confondus, précise le magazine spécialisé. Avec un tirage initial de 60 000 exemplaires, le nouveau roman de Modiano *Pour que tu ne te perdes pas dans le quartier* rencontrait déjà le succès depuis sa sortie le 2 octobre, à la neuvième place du palmarès Ipsos/Livres Hebdo, mais le prix Nobel a donné au roman un coup d'accélérateur certain. Gallimard a lancé aussitôt une réimpression de 100 000 exemplaires, ornés du bandeau « Nobel de littérature », et l'édition Quarto de 2013 réunissant dix de ses romans a fait l'objet d'un retirage de 160 000 exemplaires. Son éditeur se mobilise aussi pour remettre en avant toute son œuvre avec plusieurs réimpressions de ses précédents titres en poche. Début novembre, un coffret Folio rassemblera aussi *Dora Bruder*, *La Place de l'étoile*, son premier roman en 1968, *Un pedigree* et *Rue des boutiques obscures*, prix Goncourt 1978 et son plus gros succès à ce jour avec 530 000 ventes cumulées et des traductions dans 45 pays. Ses trois livres pour enfants, *Une aventure de Choura*, *Une fiancée pour Choura* et *Catherine Certitude* sont aussi en cours de réimpression[5].

Puis le 9 décembre 2014, *Le Post* explique que ce prix représente

4 Voir « Effet Nobel immédiat : on s'arrache les livres de Patrick Modiano », *France tv info*, 10 octobre 2014.

5 *Le Point* précise également, dans le même article, que les effets du Nobel ne sont pas perceptibles seulement en France, mais que Gallimard s'efforce

> une consécration pour cet auteur qui a centré son œuvre sur le Paris de la Seconde Guerre mondiale et un formidable tremplin pour les ventes de son nouveau roman sorti une semaine avant le Nobel, *Pour que tu ne te perdes pas dans le quartier* (Gallimard), un succès sans précédent avec 292 000 ventes à ce jour, et pour toute l'œuvre du romancier qui devrait cartonner pour les fêtes de fin d'année. Un auteur couronné par le prix Nobel voit les ventes de ses ouvrages multipliées par plus de dix, parfois même plus dans son pays d'origine, selon Edistat [...]. Le volume *Romans* de Modiano, dans la collection Quarto, paru en mai 2013, s'est déjà vendu à quelque 41 000 exemplaires, dont 31 500 depuis le Nobel, et un coffret Folio avec quatre titres a été vendu à ce jour à 8 000.

Au même moment, les chiffres du *Monde* (8 décembre 2014), quoiqu'un peu différents, rendent globalement compte de la même réalité :

> [Modiano] a déjà écoulé 404 000 ouvrages cette année, contre 41 000 l'an passé, alors que les achats de Noël ne font que commencer. Cette multiplication par dix des chiffres de vente correspond à la moyenne enregistrée pour les auteurs, qu'ils soient peu connus avant d'être distingués (comme le poète suédois Tomas Tranströmer, lauréat en 2011, ou la romancière allemande d'origine roumaine Herta Müller, en 2009) ou que leur notoriété d'écrivain ait largement précédé la récompense, à l'instar de l'auteure du *Carnet d'or*, Doris Lessing (Nobel 2007), ou du Péruvien polyglotte Mario Vargas Llosa (Nobel 2010). Lauréate en 2013, la Canadienne Alice Munro, auteure de nouvelles et de romans, était, jusqu'à l'attribution du prix, connue et appréciée par des critiques littéraires et un petit cercle de fidèles lecteurs. De 3 500 en 2012, ses ventes ont décollé à 126 500 en 2013. Mieux, en 2014, elles se sont maintenues, à 101 000 ouvrages. Car l'une des forces du prix Nobel est de créer des « *long-sellers* », dès lors que les éditeurs se mettent au service de leur lauréat. Le service des droits étrangers de Gallimard a ainsi donné son feu vert à une centaine de réimpressions immédiates des romans de Modiano, dans une trentaine de pays, à la suite de l'attribution de la distinction suprême.

Dans un article titré « Trierweiler, Zemmour, Modiano... 2014, année exotique », *L'Express* du 28 décembre 2014 fait le point sur les ventes des ouvrages de Modiano dans les derniers mois de l'année 2014 :

---

de profiter de l'« effet Nobel » pour privilégier la diffusion des ouvrages en versions traduites : « L'œuvre de Patrick Modiano est traduite dans une quarantaine de langues, et Gallimard fait en sorte que les titres du fonds soient de nouveau disponibles à l'étranger avant la remise du Nobel à Stockholm le 10 décembre ». C'est le second effet Nobel, que nous examinerons dans la seconde partie de ce texte.

> Entre le vote de l'Académie Nobel, le 9 octobre, et le discours de réception à Stockholm, le 7 décembre, les ventes de ses titres se sont envolées : *Pour que tu ne te perdes pas dans le quartier*, son tout dernier roman, dépasse 220 000 exemplaires (avec plus de 20 000 ventes hebdomadaires ces jours-ci, tous les chiffres donnés ici étant ceux d'Edistat), et ses « classiques », publiés en Folio (*Rue des boutiques obscures*, *Dora Bruder*, *Un pedigree*, *L'Herbe des nuits*...), s'écoulent à plus de 4 000 exemplaires chaque semaine, tout comme le remarquable Quarto datant de mai 2013.

Enfin, le 15 janvier 2015, est publié le traditionnel palmarès des ventes du *Figaro* (le seul à tenir compte des ventes en édition de poche, est-il précisé), dans un article intitulé « Musso et Modiano décollent, Lévy décroche, le palmarès 2014 ». Il y est expliqué que

> le prix Nobel 2014 fait une entrée fracassante [dans le palmarès]. Rarement un prix Nobel aura eu autant d'impact. L'effet a joué pleinement pour Modiano, qui a dépassé les 700 000 exemplaires. Cela ne lui était peut-être même pas arrivé en 1978 quand il a eu le prix Goncourt. Son nouveau récit, *Pour que tu ne te perdes pas dans le quartier*, a été publié au meilleur moment – une semaine avant le sacre par l'Académie suédoise. Il a dépassé les 300 000 exemplaires, mais la récompense la plus prestigieuse au monde a des vertus qui dépassent le seul cadre de la nouveauté, puisque ses autres romans édités en poche ont connu un accueil hors norme.

Le directeur des ventes de Gallimard, Philippe Le Tendre, explique qu'il s'agit là de la différence fondamentale entre un Prix comme le Goncourt, qui met en lumière un ouvrage, et le prix Nobel, qui souligne l'importance d'une œuvre tout entière. « Les précédents titres de Modiano ont également bénéficié de l'annonce du Nobel », confirme David Ducreux chez Folio, la maison d'édition qui commercialise les livres de Modiano en format poche (et donc la quasi-totalité du catalogue de Modiano). Les « classiques » de Modiano, *Dora Bruder*, *Rue des boutiques obscures* ou encore *Place de l'étoile*, ont été réimprimés à 100 000 exemplaires en poche. « D'habitude, on en vend 3 000 par an », révèle David Ducreux[6].

Le fait que Gallimard ait publié en mai 2013 le volume Quarto *Romans* (qui rassemble dix romans et récits, initialement parus entre 1975 et 2010), puis l'ouvrage *Pour que tu ne te perdes pas dans le quartier* une semaine

---

6 Voir Maxime Mainguet, « Modiano : le lauréat du Nobel quadruple ses ventes », *Ouest-France*, 12 janvier 2015.

avant l'attribution du prix Nobel à Patrick Modiano, peut amener à formuler l'hypothèse que l'attribution de ce prix à son auteur ait été sinon totalement anticipée, du moins sérieusement envisagée. Cela permettait en effet que, en cas d'obtention du prix, soient immédiatement disponibles en librairie des ouvrages récents – dont les libraires et les éditeurs savent pertinemment qu'ils bénéficient du fameux « effet Nobel » et qu'ils sont particulièrement demandés immédiatement après l'annonce du prix puis lors des fêtes de fin d'année, moment traditionnel d'échange de cadeaux (parmi lesquels les livres figurent encore en bonne place).

Il est donc intéressant de faire le bilan des ventes des ouvrages de Patrick Modiano en France, avant et après l'obtention du prix Nobel (voir tab. 1).

L'effet Nobel concerne bien toutes les œuvres de l'écrivain – qui se trouvent particulièrement mises en lumière dans les quelques mois suivant l'annonce de l'attribution de ce prix. Il est en revanche impossible de se procurer des informations concernant le nombre d'exemplaires vendus en 2015, 2016 et 2017, les maisons d'édition françaises entretenant traditionnellement une forte opacité sur leurs chiffres de vente (et même lorsqu'elles les communiquent, comme en 2014 pour Modiano, les chiffres transmis aux différents médias – en l'occurrence par Gallimard – peuvent varier sensiblement). On peut simplement noter que, en octobre 2017, les premiers ouvrages de Modiano parus simultanément après l'obtention du prix Nobel, *Souvenirs dormants* et *Nos débuts dans la vie*, se sont immédiatement classés (respectivement à la 2e et à la 16e places) dans le palmarès hebdomadaire des meilleures ventes de livres de fiction publié par *L'Express*.

Tab. 1 : *Bilan des ventes des ouvrages de Patrick Modiano en France, avant et après l'obtention du prix Nobel*

	Avant le Nobel	Après le Nobel
Romans (coll. Quarto)	mai 2013–oct. 2014 : 9 500	oct.–déc. 2014 : 31 500 oct. 2014–jan. 2015 : 50 000
Pour que tu ne te perdes pas dans le quartier	tirage (oct. 2014) : 60 000 (vente moyenne prévue : entre 40 et 60 000 en tout)	oct.–nov. 2014 : 292 000 oct.–déc. 2014 : 300 000
Ensemble des ouvrages	janv.–déc. 2013 : 41 000	janv.–déc. 2014 : 700 000

L'effet Nobel sur les traductions

La notoriété de Patrick Modiano, qui est forte en France, est beaucoup plus ténue à l'étranger. Même si, et c'est primordial pour l'obtention du prix Nobel, les œuvres de Modiano sont traduites depuis longtemps en de nombreuses langues étrangères :

> Avant même l'obtention du prix Nobel, il est alors traduit dans 36 langues dont l'anglais depuis 1971 (*The Night Watch*, NY, Alfred A. Knopf), distribué par plusieurs éditeurs américains (David R. Godine, Yale University Press, Harvill, University of Nebraska Press, University of California Press). S'il n'est pas universellement populaire, il est beaucoup étudié et de nombreux travaux universitaires ont été publiés sur son œuvre[7].

Patrick Modiano est, en tout cas, peu connu des médias étrangers au moment de l'annonce du Nobel, au point que le site *Slate.com* a publié le 9 octobre 2014 un article intitulé « A Reminder to Journalists Writing About the New Nobel Prize Winner, From Wikipedia », dans lequel sont recensés des messages de twittos avouant leur méconnaissance totale de l'écrivain, et où figure la capture d'écran de la page Wikipedia en anglais consacrée à Modiano (avec cette précision : « The change, added by Wikipedia editor Alvindclopez, was only up for about 10 minutes ») : « To The Reporter Now Copying from Wikipedia. Be careful boy. Primary sources are still best for journos. »

Soulignons malgré tout le point suivant : Modiano, tout comme le précédent lauréat français du prix Nobel de littérature, J. M. G. Le Clézio, était traduit de longue date en suédois, et, depuis 2012, publié par une maison d'édition notoirement proche des membres du comité, Elisabeth Grate. Neuf ouvrages de Modiano avaient été très tôt traduits en suédois, et publiés dans deux maisons d'édition, Bonnier puis PAN Norstedt. Mais aucune traduction n'avait paru en suédois entre 1993 et 2012, où c'est donc la maison d'édition Elisabeth Grate Förlag – maison d'édition familiale suédoise, spécialisée dans la littérature française de qualité en traduction suédoise – qui propose trois nouveaux titres en deux ans. Il n'a malheureusement pas été possible d'obtenir de Gallimard la confirmation

---

7 Voir Marie Bied, *Prix Nobel et prestige sur la scène littéraire internationale. L'exemple de Patrick Modiano*, mémoire de master rédigé sous la direction de Clara Lévy, Université Paris 8 Vincennes-Saint-Denis, 2016.

que la cession des droits de certains ouvrages de Modiano à Elisabeth Grate, deux ans avant l'obtention du prix Nobel, ait été le fruit d'une stratégie pour rendre à nouveau accessibles en suédois des textes récents de l'auteur. Il n'en reste pas moins qu'on peut au moins souligner la coïncidence chronologique et émettre l'hypothèse que Gallimard ait fait le pari que faire traduire Modiano dans cette maison d'édition à ce moment-là pouvait se révéler payant.

Anne-Solange Noble, la directrice des droits étrangers chez Gallimard, explique que « le pic de vente est prévu deux ans après l'obtention du prix Nobel, période où se conjuguent la remise en circulation du fonds (par les réimpressions et la cession de nouveaux droits) et les nouvelles traductions, soit courant 2016[8] ». Les effets du Nobel existent en effet également, et de manière encore plus intense qu'en France, à l'étranger. Les répercussions, à l'étranger, sont très intenses, mais souvent, en contrepartie, très limitées dans le temps ; pour Anne-Solange Noble, il faut battre le fer tant qu'il est chaud : « L'effet immédiat du Nobel dure peu de temps, l'an prochain un autre auteur sera célébré. Il fallait aller vite[9]. » Citons ici les analyses de Marie Bied :

> Cette urgence exige une réduction importante des délais de négociation des droits et de production des œuvres, aussi l'après-Nobel se caractérise-t-il par une intense activité éditoriale ; les enjeux sont ici multipliés par l'effet de surprise de l'attribution du prix à Modiano (à cause duquel rien n'avait pu être anticipé par Gallimard et les éditeurs titulaires des droits de publication de ses romans). Ainsi, Gallimard souhaite que le public ait accès à certaines œuvres traduites avant la cérémonie officielle de remise du prix Nobel, le 10 décembre 2014, et obtient la réimpression de cent œuvres de l'auteur trois semaines après l'annonce, et ce, dans 30 pays[10].

Selon Colin Nettelbeck, deux stratégies s'offrent ainsi à la maison d'édition : retravailler la promotion du fonds en permettant de nouvelles traductions, ou mettre aux enchères l'ouvrage le plus récent, en l'occurrence

---

8 Voir *ibid.*

9 Denis Cosnard, « Modiano, jour de gloire à Stockholm », *Le Monde*, 12 décembre 2014.

10 Voir Marie Bied, *Prix Nobel et prestige sur la scène littéraire internationale. L'exemple de Patrick Modiano*, *op. cit.*

Pour que tu ne te perdes pas dans le quartier (paru le 2 octobre 2014, soit, on l'a dit, quelques jours seulement avant l'annonce du prix Nobel).

C'est la première option qui a été retenue, afin de consolider et de stabiliser l'offre des exemplaires sur le marché éditorial avant de consentir à céder les droits du dernier roman du prix Nobel. Selon Anne-Solange Noble, les droits de *Pour que tu ne te perdes pas dans le quartier* ont été cédés en 33 langues (chiffre communiqué le 15 février 2016 à Marie Bied) au lendemain du prix :

> Ces langues de traduction incluent l'anglais, l'espagnol, le russe, le chinois, jusqu'aux langues les plus rares telles que le malayalam, l'arménien ou l'hindi. Anne-Solange Noble affirme qu'il y a incontestablement un « effet Nobel » sur les ventes d'une œuvre à l'étranger, et ceci se vérifie dans le cas de Patrick Modiano. Il faut cependant noter que le service des droits étrangers de Modiano avait déjà réussi à céder les titres de l'auteur en 36 langues – notamment le basque et le persan – et ceci avant l'annonce du prix Nobel en octobre 2014. L'effet Nobel ne consiste donc pas essentiellement en des langues additionnelles que l'on obtient à la suite de la consécration internationale que confère ce prix [...]. Ceci prouve bien que l'effet se mesure principalement dans le nombre de réimpressions, langue par langue, de titres publiés par le passé, ou bien de nouveaux contrats, dans ces mêmes langues, pour les titres du fond qui, eux, n'auraient pas encore été cédés[11].

Le bilan du nombre de traductions des ouvrages de Modiano dans quelques pays étrangers avant et après le prix Nobel[12] est significatif (voir tab. 2).

L'effet Nobel joue pleinement à l'étranger, même si c'est dans des proportions restreintes par rapport à la France, puisque les ventes y restent, le plus souvent, modestes. Mais l'engouement pour l'œuvre de Modiano explose, après le prix Nobel, dans le champ académique : par exemple, deux mémoires de master sur Modiano seulement avaient été écrits en Chine avant 2014, et... vingt-sept ont été soutenus depuis !

---

11 *Ibid.*

12 Précisons qu'un même ouvrage peut avoir bénéficié de plusieurs traductions différentes, soit dans des maisons d'édition concurrentes, soit dans la même maison d'édition à quelques années d'intervalle. Merci à Maria Ranefalk, Francesca Dainese et Tang Tianying – toutes trois doctorantes respectivement en Suède, en Italie et en Chine et travaillant sur l'œuvre de Modiano – pour ces données qu'elles sont venues présenter en 2017 dans le séminaire que nous avons animé : « Patrick Modiano : la fabrique d'un Nobel ». Maria Patricio Mulero y est également intervenue et y a présenté les résultats concernant l'Espagne.

Tab. 2 : *Traductions des ouvrages de Patrick Modiano*

	Année de la première traduction d'un ouvrage de Modiano	Traductions avant le Nobel (jusqu'en 2014)	Traductions après le Nobel (2014–2017)
Suède	1970	12	5
Italie	1973	12	13
Espagne	1976	28	19
Chine	1986	20	17

Conclusion

Le cas particulier de Modiano peut nous permettre de revenir, sur un plan plus théorique, à la question de l'autonomie du champ littéraire soulevée par les analyses de Pierre Bourdieu. Comme l'explique Gisèle Sapiro, à partir du XIXe siècle,

> contre la logique économique de rentabilité à court terme qui régit le circuit de grande production, se constitue un pôle de production restreinte qui décrète l'irréductibilité de la valeur esthétique à la valeur marchande du produit et la prééminence du jugement des spécialistes (les pairs et les critiques) sur les sanctions du public des profanes[13].

Ce renversement de la logique économique et cette prééminence de l'autonomie du jugement esthétique par rapport aux attentes économiques ne sont cependant que relatifs – et c'est bien ce qu'illustre notre analyse. S'il existe des périodes ou des écrivains pour lesquels la dichotomie fonctionne parfaitement, il en est d'autres qui la remettent partiellement en cause, et c'est le cas de Modiano.

On le constate en effet aisément : le prix Nobel de littérature a constitué en quelque sorte, pour Patrick Modiano, une amplification de sa situation antérieure. Dès le début de sa carrière littéraire, en 1968, et jusqu'en 2014, il occupait une position à l'intersection du champ de diffusion restreinte (publié par Gallimard et Le Seuil, il avait été récompensé par

13 Gisèle Sapiro, « Le champ littéraire français. Structure, dynamique et formes de politisation », dans Alain Quemin et Glaucia Villas Bôas (dir.), *Art et société. Recherches récentes et regards croisés Brésil/France*, http://books.openedition.org/oep/532?lang=fr, page consultée le 15 octobre 2019.

un grand nombre de prix littéraires et était reconnu par ses pairs, par les critiques littéraires et par les universitaires) et du champ de grande production (puisque ses ouvrages se vendaient très convenablement et étaient systématiquement réédités en collection de poche[14]). Le Nobel a permis d'une part une consécration et une légitimité encore bien plus élevées – en France, mais aussi et surtout à l'étranger, puisque, mis à part dans certains pays, comme l'Espagne, Modiano y était peu connu et peu lu. Mais le prix a également induit des effets strictement économiques – très intenses sur le court terme (avec une diffusion des ouvrages de Modiano multipliée par 10 par rapport aux ventes antérieures), mais qui devraient également perdurer quelques années (on parle de *long-sellers* pour les ouvrages des auteurs ayant obtenu le prix Nobel de littérature). De surcroît, il est particulièrement intéressant de remarquer qu'à mesure que le succès de Patrick Modiano s'est renforcé dans le marché de grande production, il n'a nullement été considéré avec méfiance ou même circonspection par le marché de diffusion restreinte. Tout se passe comme si le prix Nobel permettait une visibilité accrue de Modiano et de son œuvre à la fois par le « grand public » des lecteurs et par le public plus restreint et plus exigeant des pairs et des Académies. Valeur esthétique et valeur marchande sont simultanément reconnues à sa production littéraire et même se cumulent et se renforcent mutuellement.

Bibliographie

« Effet Nobel immédiat : on s'arrache les livres de Patrick Modiano », *France tv info*, 10 octobre 2014.

« Nobel de Modiano : les libraires sur le pied de guerre », *Le Figaro*, 10 octobre 2014.

Bied, Marie, *Prix Nobel et prestige sur la scène littéraire internationale. L'exemple de Patrick Modiano*, mémoire de master rédigé sous la direction de Clara Lévy, Université Paris 8 Vincennes-Saint-Denis, 2016.

14 Voir Clara Lévy, « Patrick Modiano, à l'articulation entre champ de diffusion restreinte et champ de grande production », *Revista do Instituto de Estudos Brasileiros*, n° 68, 2017, p. 101–121.

Cosnard, Denis, « Modiano, jour de gloire à Stockholm », *Le Monde*, 12 décembre 2014.

Lahire, Bernard, *La Condition littéraire. La double vie des écrivains*, Paris, La Découverte, 2006.

Lévy, Clara, « Patrick Modiano, à l'articulation entre champ de diffusion restreinte et champ de grande production », *Revista do Instituto de Estudos Brasileiros*, n° 68, 2017, p. 101–121.

Mainguet, Maxime, « Modiano : le lauréat du Nobel quadruple ses ventes », *Ouest-France*, 12 janvier 2015.

Rabot, Cécile et Sapiro, Gisèle (dir.), *Profession ? Écrivain*, Paris, CNRS Éditions, 2017.

Sapiro, Gisèle, « Le champ littéraire français. Structure, dynamique et formes de politisation », dans Alain Quemin et Glaucia Villas Bôas (dir.), *Art et société. Recherches récentes et regards croisés Brésil/France*, http://books.openedition.org/oep/532?lang=fr, page consultée le 15 octobre 2019.

Roger Marmus

Légitimité littéraire et musique populaire : les débats, en Suède, concernant l'attribution du prix Nobel de littérature à Bob Dylan

Résumé : Si l'attribution du prix Nobel de littérature à Bob Dylan a surpris tout le monde (alors même que son nom était régulièrement cité depuis des années), il n'en est pas moins possible d'analyser le raisonnement qui a conduit à cette décision : il s'appuie sur une tradition suédoise qui, depuis au moins l'époque de Bellman (XVIIIe siècle), intègre la poésie chantée dans le giron de la littérature.

Mots-clés : Bob Dylan, prix Nobel de littérature, poésie chantée, culture populaire, tradition suédoise.

Abstract : If the awarding of the Nobel Prize for Literature to Bob Dylan surprised everyone (even though his name had been regularly cited for years), it is nevertheless possible to analyse the reasoning behind this decision : it is based on a Swedish tradition which, since at least the time of Bellman (18th century), has incorporated sung poetry into the bosom of literature.

Keywords : Bob Dylan, Nobel Prize for Literature, sung poetry, popular culture, Swedish tradition.

Londres, 4 octobre 1997. Bob Dylan est interviewé par Jens Peterson pour le compte du journal suédois *Aftonbladet.* Le journaliste aborde avec lui la question du prix Nobel :

– Honnêtement, je ne sais pas trop ce que c'est.
– Le prix Nobel… de littérature.
– Oui, je sais. Il paraît que l'obtenir est vu comme un honneur. Nobel ? C'est pas lui qui a inventé la dynamite[1] ?

1 Propos tenus lors d'une conférence de presse donnée en présence des représentants des grands journaux européens : *El Païs*, *Le Monde*, *Der Spiegel*, etc. Nous traduisons. Voir https://www.aftonbladet.se/nojesbladet/a/yvGejA/mina-90-minuter-med-dylan, page consultée le 25 mars 2020.

De nominé à lauréat

Voilà, c'est fait ! Depuis le temps qu'on en parlait. Depuis le temps que les critiques le prophétisaient, que les anthologies le légitimaient, que les fans en secret le souhaitaient, on avait fini par se dire que ce n'était pas tout à fait utopique. Ce jeudi 13 octobre 2016, véritable jour d'assomption, le prix Nobel à Bob Dylan n'était plus une probabilité, mais une réalité ; des comités de soutien avaient œuvré en sous-main, à partir de la Norvège, pour que le projet advînt.

L'idée avait fait son chemin ; les journalistes avaient ressorti le dossier comme un marronnier, comme ils l'avaient fait régulièrement, pour ne pas dire annuellement depuis environ cinquante ans. L'hypothèse avait suivi pratiquement toute la carrière du jeune artiste, comme une prière pour les uns, comme une mauvaise plaisanterie pour les autres, comme un signe apposé au-dessus de la porte qui ouvre sur son œuvre pour tous. Les journaux français en ont souvent parlé, comme on peut le constater dans le numéro hors-série publié par *Le Monde*, en 2012, où Greil Marcus, ex-rédacteur du magazine *Rolling Stones*, donnait son avis résigné sur Dylan et le prix Nobel :

> Entre autres choses, le prix Nobel sert à apporter une reconnaissance mondiale à des écrivains qui n'en ont pas, ce qui n'est pas le cas de Dylan. [...] Si on lui donnait le prix Nobel de littérature, ce serait reconnaître que ses paroles sont de la grande poésie[2].

Les journaux suédois étaient eux aussi encore une fois aux aguets comme ils l'étaient depuis des années. L'un des spécialistes de la réception de Bob Dylan, Håkan Lahger[3], signale que les premières requêtes pour faire du *song-writer* américain un prétendant plausible au prestigieux prix sont apparues en Suède en 1968 et ont été le fait de l'avant-garde intellectuelle, représentée par Carl-Henrik Svenstedt (né en 1937) et Gunnar Harding (né en 1940).

Ola Holmgren, qui est professeur émérite de l'université de Södertörn, et donc ancien collègue de Sara Danius, la secrétaire perpétuelle de

---

2 Propos recueillis par Bruno Lesprit dans *Hors-série. Le Monde. Une vie, une œuvre*, 2012, p. 68–69.

3 Voir Håkan Lahger, *Bob Dylan. En kärlekhistoria*, Stockholm, Norstedts, 2011, p. 384.

l'Académie suédoise, qui annonça aux journalistes rassemblés l'attribution du prix Nobel à Bob Dylan, avait même fait preuve d'intuition, en publiant un livre au titre particulièrement prémonitoire quelques semaines seulement avant l'explosion : *Hors-piste. Huit raisons pour lesquelles on devrait décerner le prix Nobel à Bob Dylan*[4].

Tout était donc en place chez les zélateurs de Dylan pour faire la promotion d'une œuvre ayant porté les espoirs de toute une génération. Une œuvre d'abord chantée, faut-il le préciser, car il était assurément sage de mettre de côté les incursions dans les genres admis de la littérature, comme le « roman » *Tarantula*[5], qui s'apparente plus à un recueil de fragments de pensées aujourd'hui illisibles, à une sorte de patchwork qui imite les exercices d'écriture automatique chéris des surréalistes, à un « collage » dans la lignée des « cut-up » de la *Beat Generation* (de ceux par exemple de William Burroughs dans *Festin nu*, ou de Gregory Corso, auteur du poème *Bomb*) ; ou comme le récit autobiographique sans véritable fantaisie intitulé *Chronicles*[6], publié en 2004, où Dylan s'emploie à recoller les morceaux de ses souvenirs épars des premiers temps de sa carrière, puis de son retour dans les années 1980.

Traduire le maître

En Suède comme en France, la découverte du phénomène littéraire est passée par la traduction/adaptation de ses chansons. Transposer Dylan dans la langue locale a été, bien sûr, une manière de lui rendre hommage, mais aussi de s'approprier une partie de l'inspiration poétique. On connaît en France les jolies ballades d'Hugues Aufray, qui, en 1964 déjà, « interprétait » les mots du jeune maître, lequel pouvait à l'occasion l'accueillir sur scène durant ses escales parisiennes. Une passion pour l'adaptation qui est restée comme la vocation d'une vie d'artiste chez le Français, et qui s'est perpétuée jusqu'aux années 2010. Même si parfois, on doit bien l'admettre, le résultat a été en deçà des espérances (le titre-phare de Dylan,

4 Voir Ola Holmgren, *Stickspår. Åtta skäl varför Bob Dylan borde tilldelas Nobelpriset i litteratur*, Stockholm, Carlssons, 2016. L'ouvrage a paru à peine quelques mois avant l'attribution du prix à Bob Dylan.

5 Voir Bob Dylan, *Tarantula* [1966], New York, Scribner, 2004.

6 Voir Bob Dylan, *Chronicles. Vol. I*, London, Simon & Schuster, 2004.

« Knockin' on Heaven's Door » (1973[7]) est, chanté par Hugues Aufray en 1995, devenu bien platement « Knock Knock. Ouvre-toi porte d'or[8] »). On pourra également mentionner Francis Cabrel, qui, dans plusieurs disques (par exemple *Les Beaux Dégâts* (2004), *Des roses et des orties* (2008), ou l'album moins connu *Vise le ciel ou Bob Dylan revisité* (2012)), s'est escrimé à rendre en français les paroles du prestigieux confrère de la même maison de disques (Columbia).

Dans les cas de nos vedettes hexagonales, on en vient presque à estimer qu'il s'agissait moins de traductions/adaptations, que de variations sur le même thème. N'oublions pas que l'on parle ici d'« interprétations » (avec un « s ») : interpréter une parole dans une langue donnée (adapter), et « interpréter », au piano et à la guitare, une chanson (comme le font par exemple les auteurs/compositeurs/interprètes). Les chansons de Dylan sont à ce titre comme des standards de jazz qui servent de support pour des instants d'improvisation, ou comme des parties d'échecs de Bobby Fisher que l'on rejoue inlassablement, pour la beauté du jeu et le plaisir de l'analyse des coups gagnants. Adapter une chanson a été considéré comme un exercice de style, au risque parfois, nous l'avons vu, de frôler le ridicule.

En Suède plus qu'ailleurs, l'exercice de l'adaptation de la parole dylanienne a eu ses adeptes et prosélytes. Un engouement qui ne s'est pas démenti depuis les années 1960/1970, période où le jeune Américain, à son corps défendant, était célébré comme le porte-parole de toute une génération. On a vu des auteurs-compositeurs reconnus mettre à leur répertoire des chansons perçues comme « engagées », selon la formule journalistique de l'époque. Les « proggs » (« progressistes », ou « gauchos » si l'on adopte un terme courant chez leurs détracteurs) ont adopté avec grand enthousiasme tous les textes qui faisaient allusion au désir de changement de la jeunesse, au rejet de la guerre, et, plus tard, aux déceptions inhérentes aux aléas de la vie. Parmi les grandes réussites, on citera le rockeur suédois Torsten (Totte) Nässlund, qui a su si bien évoquer, de sa voix très grave, les angoisses de l'homme face à la mort qui approche, dans un album de

7 Voir Bob Dylan, « Knockin' on Heaven's Door », dans *Pat Garret & Billy the Kid*, Columbia records, 1973.

8 Hugues Aufray, « Knock Knock. Ouvre-toi porte d'or », dans *Aufray Trans Dylan*, Arcade, 1995.

« covers » de Dylan chantées en duo avec Mikael Wiehe, figure incontournable de la scène folk/rock et progressiste scandinave. Ses interprétations de « Not Dark Yet[9] » (« Inte natt än ») ou « Things Have Changed[10] » (« Längesen ») prennent une coloration et une résonance à la fois lugubres et poignantes quand on les écoute aujourd'hui alors que l'on sait que Totte Näslund est décédé d'« une longue maladie » quelques semaines après leur enregistrement. « It's not dark yet but it's getting there », chantait Dylan. En suédois, cela donnait « Det ä inte natt än men snart den är här[11] ».

La version suédoise de « Make You Feel My Love[12] » (« För jag älskar dig[13] »), cette fois-ci due au poète Ulf Dageby, chantée par Ebba Forsberg, est empreinte d'un lyrisme unique qui a ému le public suédois. L'originale avait, il est vrai, toutes les qualités pour enchanter les amateurs de ballades ; le jeune public d'Adele en sait quelque chose, puisque la vedette anglaise a fait de ce même titre un « hit » mondial[14]. De nombreux autres artistes suédois ont repris les standards de Dylan, et l'on retiendra notamment les transpositions parfois très modernes de Titiyo[15] ou de Joakim Thåström[16], qui appliquent une musique du troisième millénaire à des paroles vieilles de près de 60 ans, comme dans leurs versions respectives d'une chanson de pur amour juvénile du *folksinger* : « Tomorrow Is a Long Time[17] » (« Men bara om min älskade väntar[18] »).

---

9 Voir Bob Dylan, « Not Dark Yet », dans *Time Out of Mind*, Columbia records, 1997.

10 Voir Bob Dylan, « Things Have Changed », dans *Wonder Boys*, Columbia, 2000.

11 Voir Totta Näslund et Mikael Wiehe, « Inte natt än », traduit par Mikael Wiehe, dans *Dylan*, EMI, 2006.

12 Voir Bob Dylan, « Make You Feel My Love », dans *Time Out of Mind*, Columbia, 1997.

13 Voir Ebba Forsberg et Mikael Wiehe, « För Att Jag älskar Dig », dans *Dylan på svenska*, Warner music, 2007.

14 Voir Adele, « Make You Feel My Love », dans *ADELE 19*, XL, 2008.

15 Voir Titiyo, « Men bara om min älskade väntar », traduit par Ulf Dageby, dans *Så mycket bättre*, production SVT, 2013.

16 Voir Joakim Thåström, « Men bara om min älskade väntar », traduit par Ulf Dageby, dans *Kärlek är för dom*, Sonet/Universal, 2009.

17 Voir Bob Dylan, « Tomorrow Is a Long Time », dans *More Bob Dylan Greatest Hits*, Columbia Records, 1971.

18 Voir Ulf Dageby, « Men bara om min älskade väntar », dans *Barn av vår tid*, Nackving, 1978.

Il faut dire que les chanteurs suédois ont la partie un peu plus facile que les français, car l'anglais et le suédois sont des langues proches, qui tolèrent les mêmes structures métriques – même si Mikael Wiehe, cité plus haut, qui se déclarait avec un brin de fierté quelques heures après l'attribution du Nobel le traducteur officiel de Dylan, parle à propos de ses traductions d'un « défi de Rubik's cube[19] » pour rendre compatibles les rythmes et rimes dans les deux langues. Même si les règles du vers suédois s'accommodent bien de la métrique anglaise, en particulier lorsque cette dernière s'inspire de l'iambe grec et du lyrisme celte, rendre la scansion de l'original, l'harmonie vocalique ou consonantique dans la langue d'arrivée est un pari risqué.

Comment transposer par exemple ce passage liminaire de la chanson « It's Alright, Ma (I'm Only Bleeding) », tiré de l'album *Bringing It All Back Home* (1965), sonnant presque comme du slam, vingt ans avant l'heure ?

Darkness at the break of noon
Shadows even the silver spoon
The handmade blade, the child's balloon
Eclipses both the sun and moon
To understand you know too soon
There is no sense in trying

Les difficultés stylistiques s'accumulent, et l'on accueillera avec bienveillance les différentes explications de Mikaël Wiehe, qui, en marge de sa vocation d'artiste de scène, et fort de ses soixante adaptations environ, a su faire preuve d'humilité, voire d'une bonne dose d'humour, en rappelant que traduire Dylan, c'est « un monument » à construire, d'autant que, parmi les gens de sa génération, « on en trouve une majorité qui citent plus facilement les paroles anglaises de Dylan que les versets de la Bible ou les recueils de psaumes[20] ». On a appris toutefois que Dylan lui-même n'a pas été séduit par le résultat des versions suédoises ; lors d'une interview à un

19 Voir Eva Barkeman, « Wiehe vrider Dylan som Rubiks kub », *Språktidningen*, Stockholm, janvier 2017, https://spraktidningen.se/artiklar/2016/12/wiehe-vrider-dylan-som-rubiks-kub, page consultée le 10 juillet 2020.

20 Nous traduisons : « det finns fler som kan citera Bob Dylan på engelska än som kan citera den svenska bibeln eller psalmboken. » Voir Mikael Wiehe, « Att översätta Dylan är ett monument », *Sydsvenska Dagbladet*, 2 décembre

journal allemand en 1982, il aurait en effet émis, à propos des versions de Mikael Wiehe, ce jugement sans appel : « Il y a un gars en Norvège [*sic*] qui a fait un album pot-pourri avec mes chansons. Ça sonne vraiment merdique[21] ».

Un poète parmi les poètes

L'introduction de l'œuvre de Dylan en Suède est due à Göran Printz-Påhlson, jeune lecteur de suédois aux États-Unis (Harvard, Berkeley) et en Angleterre (Cambridge) au début des années 1960, qui est devenu par la suite traducteur, mais surtout poète de la mouvance littéraire *Lundaskolan*, qui est en quelque sorte le pendant suédois (de Lund) de la *Beat Generation* américaine, même si ses représentants revendiquaient plus naturellement les références existentialistes (Kierkegaard, Sartre), ou étaient sensibles aux thèses camusiennes de l'absurde. Göran Printz-Påhlson se proposait de faire connaître au public scandinave des figures hors-normes comme Lenny Bruce ou Marshall McLuhan, alors icônes des campus américains[22]. Une série d'articles parus en 1966 dans le *Dagens Nyheter*, le grand journal suédois de référence, sous le titre explicite de « Protestsångens estetik », ouvre une période d'adoubement, de reconnaissance de Dylan dans la famille des poètes[23].

Car ce sont les poètes qui ont le plus facilement reconnu toute la spécificité de Dylan. L'un d'entre eux, Gunnar Harding, autre grand moderniste, traducteur d'Apollinaire, de Maïakovski et d'Allen Ginsberg, a bien compris l'apport du jeune prodige américain. Dans une conversation avec un critique musical, Håkan Lahger[24], Gunnar Harding défendait l'idée que Dylan avait réussi avec la musique folk et rock ce que les représentants de

2007, republié dans *Aftonbladet*, 16 octobre 2016, https://www.aftonbladet.se/kultur/a/jPgWjq/att-oversatta-ett-monument, page consultée le 10 juillet 2020.

21 Nous traduisons. Voir Eva Barkeman, « Wiehe vrider Dylan som Rubiks kub », art. cit.

22 Voir Mats Jacobsson, *Dylan i 60-talet. Tematiken i Bob Dylans sångertexter och dikter 1961–67* [2004], Lund, Ellerströms, 2016, p. 196.

23 Voir Sara Danius, *Om Bob Dylan*, Stockholm, Albert Bonnier, 2018, p. 23.

24 Voir Håkan Lahger, *Bob Dylan – En kärlekshistoria*, *op. cit.*, p. 34.

la *Beat Generation* n'étaient pas parvenus à faire avec le jazz. L'improvisation jazzistique des années 1950, de Miles Davis à John Coltrane, était d'un tout autre monde que celui de la poésie moderne. Selon Harding, il a fallu attendre Dylan pour qu'une nouvelle alliance se fasse entre « la lyre et le lyrisme ».

D'autres poètes suédois de premier plan, plus connus du grand public, ont tenu à déclamer du Dylan. Bruno K. Öijer fait partie de ceux-là. Ce dernier ne s'est pas contenté d'incorporer au répertoire de ses « performances » publiques quelques chansons traduites, il a même, en 1975, fait paraître, en collaboration avec un autre poète, Eric Fylkeson, un recueil[25] de celles-ci, sous un titre on ne peut plus clair : « Bob Dylan » (un livre aujourd'hui très coté sur le marché des livres rares). L'identification a été telle qu'elle a même investi les codes physiques, et vestimentaires. Certaines apparitions du poète suédois reprennent à dessein les allures arachnéennes du Dylan du milieu des années 1960, du celui qu'on pouvait voir par exemple dans le film documentaire de D. A. Pennebaker, *Don't Look Back* (1967), lorsque le *folksinger* en passe de devenir une *rock-star* portait des Ray-Ban Wayfarer (« Sunglasses after Dark »), des vêtements noirs et des chaussures pointues. La plus remarquée des prestations du Suédois est bien celle donnée en 2000, à Stockholm, à l'occasion de la remise du *Polar Music Prize* (*Polarpriset*) à Bob Dylan et au violoniste Isaac Stern. La scène est restée dans toutes les mémoires en raison du caractère surréaliste (ou navrant) de la situation, le chanteur américain ne s'étant pas présenté pour la deuxième partie de la soirée organisée en son honneur, en raison d'engagements en Finlande. Bruno K. Oïjer s'est alors retrouvé seul sur l'estrade, face à son public uniquement suédois : un seul être vous manque, et tout est dépeuplé.

D'autres scaldes du Nord ont une dette envers Bob Dylan. Celui d'entre eux qui est le plus en mesure de déplacer les foules est assurément Ulf Lundell. Lui aussi cumule les qualités : poète, rocker, romancier, peintre, etc… Les noms de ceux qui, à un titre ou à un autre, ont revendiqué la proximité ou la filiation avec le maître ne manquent pas, chacun le voyant éligible à la distinction suprême dans l'ordre des récompenses.

---

25 Voir Bruno K. Öijer et Eric Fylkeson, *Bob Dylan*, Lund, Rahms boktryckeri, 1975.

Défendre Dylan

Pour admettre que Bob Dylan était digne du prix Nobel, il a fallu qu'un raisonnement et des arguments solides soient avancés afin que l'ultime marche, qui va de l'inscription sur la liste des nobélisables à la promotion, soit franchie. Percer le secret des délibérations de l'Académie suédoise, qui est en charge de la sélection d'un récipiendaire, étant à ce jour impossible, il faut s'en remettre aux déclarations faites à la suite de la décision pour approcher un début d'explication. La plus consciente et la mieux articulée des réflexions est probablement celle développée par l'ancien secrétaire perpétuel de l'Académie suédoise, Horace Engdahl, lors du discours d'éloge rituel, devant le couple royal de Suède, les altesses et les invités de marque, sans compter bien entendu les lauréats récompensés à Stockholm, à l'exception notable de Bob Dylan lui-même, excusé, mais représenté toutefois lors du banquet d'honneur par l'ambassadrice des États-Unis d'Amérique, Azita Raji, qui fut chargée de lire le discours de remerciement du lauréat.

L'allocution d'Horace Engdahl, longue d'environ sept minutes[26], présentait tout d'abord une analyse subtile sur les passages et « mutations » (suivant le mot même de l'académicien) qui s'opèrent lorsque la littérature s'accorde à recevoir en son sein un genre méconnu, ignoré, voire méprisé. Ainsi en a-t-il été lorsqu'on a reconnu le texte épistolaire comme une expression littéraire, ou lorsqu'on a accueilli le théâtre de rue, les fables ou encore les contes pour enfants, de Jean de La Fontaine ou de Hans Christian Andersen, dans le giron des arts majeurs. Usant du mot « réconciliation », l'orateur a pris position d'une manière réservée, mais ferme, pour la reconnaissance d'une culture qui apparaît à beaucoup comme mineure, ou subalterne. Usant d'une rhétorique argumentative adaptée, il s'est ingénié à replacer l'œuvre du *songwriter* dans l'innocence des origines, rappelant que, dans les temps reculés, la poésie était accompagnée par la musique ; chez les rhapsodes du temps d'Homère, les bardes celtes et les troubadours

26 À ce jour, le discours d'Horace Engdahl n'a pas fait l'objet d'une publication, mais il a été enregistré et filmé, et peut être facilement visionné sur *Youtube* : Horace Engdahl, *Discours d'éloge. Cérémonie officielle de remise du prix Nobel*, 10 décembre 2016, https://www.youtube.com/watch?v=QFLfUreaamQ, page consultée le 20 juin 2020.

du Moyen Âge, on chantait les poèmes[27]. Prenant acte du fait que ce n'est ni de poésie grecque, ni de poésie provençale qu'il est question quand on parle de Dylan, mais de *country* ou de *blues*, pour ne mentionner que deux sources originelles américaines, le Suédois a évacué avec tact le sujet à controverses présent dans tous les esprits, le point nodal de toute la discussion : la genèse des textes, la véritable paternité de certains fragments ou passages, en un mot le soupçon de plagiat qui a accompagné toute la carrière du lauréat.

Avant de revenir sur cette question, il faut apprécier toute l'habilité du rhéteur Horace Engdahl lorsqu'il s'est agi de réfuter les objections et réprobations :

> Mais lorsqu'il dut écrire de pareilles chansons, il en fut autrement. Dans ses mains, la matière se transformait. Ce qu'il entendait dans les falbalas et fatras, les banales rimes, les expressions adroites, les anathèmes ou les invocations pieuses, les chuchotis amoureux ou les plaisanteries grasses, tout cela, il le purifiait pour en faire de l'or poétique. Volontairement, ou involontairement ? Ce n'est pas une question pertinente. Tout acte de création commence par l'effort d'imitation[28].

Maître Engdahl, virtuose par la langue, s'est servi de l'ambiguïté de certains termes suédois pour défendre la liberté du poète de s'approprier ici les mélodies, là les mots, au nom du geste d'auteur. Les Français auraient certainement invoqué, pour sa défense, la « licence poétique » ! Les mauvaises langues de leur côté auraient pu rappeler, par exemple, la question des *royalties* ; mais après tout, devant le roi lui-même, c'eût été un sujet à éviter. L'avocat du poète-chanteur a su balayer d'un revers de manche le débat en invoquant ce que les juristes nomment l'« élément moral » d'une infraction, soit l'intentionnalité de la faute, laissant aux contempteurs le défi d'aller sonder l'état d'esprit de l'auteur du méfait, et offrant aux

---

27 Voir *Le Monde* du 13 décembre 2016 (article d'Anne-Françoise Hivert).

28 Nous transcrivons et traduisons : « Men när han skulle skriva likadana sånger blev den annorlunda. I hans händer förvandlades materien. Det han hittade av grannlåt och bråte, av banaler rimor och smarta fraser, förbannelser och fromma böner, kärleksviskningar och råa skämt, allt detta renade han till poetiskt guld. Om avsiktligt eller oavsiktligt ? Det är inte en relevant fråga. Allt skapande börjar med ansträngningen att härma. » Voir Horace Engdahl, *Discours d'hommage*, *op.cit.*, 2 : 25.

esprits tolérants le réconfort de penser que Bob Dylan est moins l'auteur d'un délit de plagiat, qu'un « auteur » tout court !

On notera par ailleurs, dans ce passage, la présence du verbe suédois « förvandla » (« transformer/transmuter »), qui renvoie au champ lexical de l'alchimie, domaine des poètes. Au fond, ce qui compte, c'est de convertir le métal vil des formules bouts de ficelle, des lignes (« line » en anglais) récupérées ici ou là, en métal noble, celui du pur lyrisme ; une prétention tout à fait louable au pays de Strindberg, lequel, comme chacun sait, prétendait avoir produit de l'or sur la paillasse de son laboratoire. Ce mot a surtout le mérite de faire l'impasse sur l'idée d'« appropriation » du travail d'un autre. Ou, pour le dire plus simplement et brièvement : « transmutation » n'est pas « vol ». La facilité de créer des substantifs à partir de verbes en suédois contemporain a permis également de faire valoir le caractère dynamique, *in progress*, de l'acte d'écrire, vu comme une création : « skapande » (« création en acte ») vient du verbe « skapa » (« créer »), et va plus loin que le simple « skapelse » (« création » en tant que résultat). S'agissant des derniers mots de ce plaidoyer d'Horace Engdahl, on s'arrêtera aussi sur cette formule méliorative de l'« effort » (« ansträngning ») d'« imitation » (« Härma ») qualifiant l'emprunt.

Bob Dylan a, à notre sens, clos le débat en revenant lui-même plusieurs fois dans son autobiographie, *Chronicles*, sur sa méthode de travail. Entendons ce qu'il disait pour se faire une idée de sa position sur l'origine de ses textes : « I could slip in verses or lines from old spirituals or blues. That was okay ; others did it all the time[29]. » Comme le chantait Johnny Cash : « I walk the line !! » (avec le jeu de mots à la clé, car « the line » peut aussi bien évoquer la ligne, la voie, que le passage, le vers d'un poème, ou d'une chanson).

Pour finir de convaincre les Suédois, rien ne vaut l'argument d'autorité, surtout s'il trouve son origine dans les Lettres françaises du siècle des Lumières. Horace Engdahl a mis les tièdes et les sceptiques de son côté en citant, dans une traduction suédoise, un passage de l'éloge de Chamfort à l'endroit de La Fontaine, qui aurait tout autant pu concerner Bob Dylan :

---

29 Bob Dylan, *Chronicles. Vol. I*, *op.cit.*, p. 228.

> C'est une révolution qu'il a opérée dans les idées reçues, et qui n'aura peut-être d'effet que pour lui ; mais elle prouve au moins que quelles que soient les conventions littéraires qui distribuent les rangs, le génie garde une place distinguée à quiconque viendra, dans quelque genre que ce puisse être, instruire et enchanter les hommes. Qu'importe, en effet, de quel ordre soient les ouvrages, quand ils offrent des beautés du premier ordre[30] ?

De la poésie chantée : Bellman, Dylan et autres scaldes

En contre-chant de l'hommage rendu à Bob Dylan, il fallait entendre une illustration et une défense de la tradition littéraire du pays hôte, qui, peut-être plus que les autres, est ouverte au mariage écrit/chant. Horace Engdahl l'a, plus tard dans la même soirée, rappelé (c'était lors du banquet d'honneur le même jour), en citant expressément l'« Anacréon suédois », Carl Michael Bellman (1745–1790), qui reste une référence nordique majeure[31] de l'art poétique mis en musique. Chez Bellman, comme chez Dylan, les emprunts sont amplement issus de la Bible et des psaumes ; les deux abordent dans leurs chansons, ou plutôt dans leurs poèmes chantés (« visor »), les grandeurs et les petitesses de la vie ; tout deux affectionnent les cadres intimes, les gargotes ou les cafés-concerts pour faire communion avec leur public ; Bellman était fêté en « estradör » (un gallicisme qui nous ramène à l'expression « battre l'estrade »).

Revenant sur la thématique abordée précédemment, nous remarquerons que Bellman s'est fortement inspiré de textes et mélodies existants, en particulier d'airs français en vogue, que ce soient les menuets, les contredanses, les marches ou les thèmes de chansons à boire, des « chansons poissardes[32] » chantées par les goguettiers de l'époque – les Piron, les Vadé,

---

30 Nicolas de Chamfort, *Éloge de La Fontaine. Discours qui a remporté le prix de l'Académie de Marseille en 1774*, dans *Œuvres complètes de Chamfort. Tome premier*, Paris, Chaumerot Jeune, 1824, p. 48.

31 Horace Engdahl a, dans sa jeunesse, en 1977, dirigé la publication des actes d'un colloque portant justement sur Bellman : *Tio forskare om Bellman. Föredrag vid Vitterhetsakademiens symposium 15–17 September 1976*, Stockholm, Almqvist & Wiksell International, 1977.

32 Voir Carl Fehrman, *Vin och flickor och Bredmans stråke. Bellman och visans vägar*, Stockholm, P. A. Nordstedt & Söner, 1977.

les Collé, qui savaient sortir des textes de « la boîte à perruques » pour aller les fredonner dans le caveau de la ville[33].

Pour ultime élément de comparaison – sans que la liste soit close –, on relèvera aussi la difficulté de retrouver une version définitive des textes. Les dylanogistes, comme les bellmanistes, savent pertinemment que les chansons ont évolué à la marge, et ont connu en permanence des modifications, preuve supplémentaire de leur caractère vivant, et de leur vocation à être recréées en *live*.

Les historiens de la littérature suédoise tombent tous d'accord sur le fait que Bellman a servi de modèle initial à toute une lignée de « Visdiktare » (chansonniers/interprètes). Le XXe siècle a connu de dignes successeurs de Bellman. Dans les cercles engagés, voire activistes, on peut mentionner, par exemple, Dan Andersson (1888–1920) et Joe Hill (1879–1915). Le premier reste dans la mémoire collective comme l'auteur de quelques-unes des plus belles chansons suédoises jamais écrites, alors même qu'il n'en a pas composé la musique et qu'elles ont connu le succès bien après sa mort. Le second est l'un des émigrants suédois les plus connus, et les plus controversés, parce qu'auteur de textes satiriques et d'appels à l'insurrection, qu'il aura eu le temps de faire connaître avant de finir sa vie devant un peloton d'exécution, en Amérique (Bob Dylan lui a consacré deux pages de son autobiographie[34], et Joan Baez a chanté une ballade à sa mémoire, lors du concert de Woodstock, en 1969[35]).

On ne pourra pas par ailleurs manquer de citer, parmi tous ces auteurs, ceux qui ont, toujours au XXe siècle, relevé le flambeau pour maintenir « la tradition du troubadour[36] », comme Birger Sjöberg (1885–1929) ou Evert Taube (1890–1976). En marge de leurs propres textes mis en musique, ils ont souvent rendu hommage à Bellman, en interprétant ses œuvres.

---

33 Voir Richard Engländer, *Bellmans musikalisk-poetiska teknik*, dans Lars Göran Eriksson (éd.), *Kring Bellman*, Stockholm, Wahlström & Widstrand, 1964, p. 109.

34 Voir Bob Dylan, *Chronicles. Vol. I*, *op.cit.*, p. 52–53.

35 Voir Joan Baez, « Joe Hill », dans *One Day at a Time*, Vanguard, 1970.

36 Voir Lars Lönnroth, *Den bacchanaliska musan – Bellman och hans efterföljare* [1987], dans Lars Lönnroth et Sven Delblanc (dir.), *Den svenska litteraturen*, Stockholm, Albert Bonnier, 1999, p. 365.

La mémoire récente retiendra surtout les artistes des années 1960. Ces derniers ont fait le lien entre différentes traditions, en chantant sur scène les ballades de Bellman comme des standards de *blues* ou de *folk*, à l'image de Cornelis Vreeswijk (1937–1987). Est-ce un hasard si ce sont les mêmes personnes qui ont plébiscité Bob Dylan et l'ont porté aux nues ?

Et plus largement, l'apport du *songwriter* en Scandinavie a été immense. Il faudra ici mentionner par exemple Jan Erik Vold (né en 1939), le plus célèbre des poètes norvégiens contemporains, qui l'a également traduit et chanté[37].

Mettre le feu aux poudres

Le lobbying qui a été entrepris à partir de 1996, sous la houlette d'un professeur américain, Gordon Ball, de l'université de West Virginia, avec l'aide stratégique d'un journaliste et d'un avocat, tous deux norvégiens, Reidar Indebrø et Gunnar Lunde[38], pour faire obtenir à Dylan dans un premier temps des nominations auprès de l'Académie suédoise, puis le Graal du Nobel, a été constant, et, on le constate, efficace[39]. Selon les règles statutaires mêmes du prix, rappelées par l'académicien Kjell Erik Espmark, il revient à l'Académie « moins de récompenser les Belles-Lettres, que de mettre en valeur les écrits qui en vertu de leur forme et de leur style possèdent une valeur littéraire[40] ». À cette aune, comme l'écrivait le professeur et poète Allen Ginsberg dans une lettre adressée au comité Nobel en 1996 dans le cadre de cette campagne de promotion, l'apport de Dylan est immense et universel :

37 Voir Jan Erik Vold, *Dylan. Damer i regn. 70 sanger på norsk*, Oslo, Den norske Bokklubben, 1977.

38 Voir Gordon Ball, « Dylan and the Nobel », *Oral Tradition*, vol. 22, nº 1, mars 2007, p. 14.

39 Voir Richard F. Thomas, *Why Dylan Matters*, London, William Collins, 2017, p. 292 ; et Mats Jacobsson, *Dylan i 60-talet. Tematiken i Bob Dylans sångtexter och dikter 1961–1967*, *op. cit.*

40 Nous traduisons : « [...] not only belles-lettres, but also other writings which, by virtue of their form and style, possess literary value ». Voir Kjell Espmark, « The Nobel Prize in Literature. Alfred Nobel's Will », décembre 1999, sur le site *Nobelprize.org*.

> Dylan is a major American bard and minstrel of 20th century, whose words have influenced many generations throughout the world. He deserves a Nobel Prize in recognition of his mighty and universal poetic powers[41].

Horace Engdahl s'est autorisé, devant le roi et sa famille, les membres de l'Académie et du comité Nobel, et un public trié sur le volet, une très subtile boutade de nature à expliquer le caractère révolutionnaire de celui qui un jour s'avisa d'allumer la mèche. Il faisait allusion à un grand souffle d'inventivité littéraire justifiant l'attribution du bien nommé prix Nobel :

> Les textes des chansons convenues, celles que les confrères continuaient d'écrire, n'apparurent d'une certaine façon que comme une vieille poudre noire après l'invention de la dynamite[42].

On pourra mettre ces propos en parallèle avec les déclarations de Bob Dylan, citées en prélude de notre texte : « Nobel ? c'est pas lui qui a inventé la [...] ? ». « Strike another match, go start anew / And it's all over now, baby blue[43] »...

Bibliographie

Ball, Gordon, « Dylan and the Nobel », *Oral Tradition*, vol. 22, n° 1, mars 2007, p. 14.

Barkeman, Eva, « Wiehe vrider Dylan som Rubiks kub », *Språktidningen*, Stockholm, janvier 2017, https://spraktidningen.se/artiklar/2016/12/wiehe-vrider-dylan-som-rubiks-kub, page consultée le 10 juillet 2020.

Chamfort, Nicolas de, *Éloge de La Fontaine. Discours qui a remporté le prix de l'Académie de Marseille en 1774*, dans *Œuvres complètes de Chamfort. Tome premier*, Paris, Chaumerot Jeune, 1824.

Danius, Sara, *Om Bob Dylan*, Stockholm, Albert Bonnier, 2018.

Dylan, Bob, *Chronicles. Vol. I*, London, Simon & Schuster, 2004.

Dylan, Bob, *Tarantula* [1966], New York, Scribner, 2004.

---

41 Cité par Gordon Ball dans *Bob Dylan and the Nobel*, *op. cit.*, p. 22.

42 Nous transcrivons et traduisons : « De vanliga sångtexterna, de som kollegerna fortsatte åt att skriva, liknade på något vis gammal svart krut efter uppfinnandet av dynamiten. » Horace Engdahl, *Discours d'hommage*, *op. cit.*, 4 : 00.

43 Bob Dylan, « It's All Over Now, Baby Blue », dans *Bringing It All Back Home*, Columbia, 1965.

Engdahl, Horace (éd.), *Tio forskare om Bellman. Föredrag vid Vitterhetsakademiens symposium 15–17 September 1976*, Stockholm, Almqvist & Wiksell International, 1977.

Engdahl, Horace, *Discours d'éloge. Cérémonie officielle de remise du prix Nobel*, 10 décembre 2016, https://www.youtube.com/watch?v=QFLf UreaamQ, page consultée le 20 juin 2020.

Engländer, Richard, *Bellmans musikalisk-poetiska teknik*, dans Lars Göran Eriksson (éd.), *Kring Bellman*, Stockholm, Wahlström & Widstrand, 1964.

Espmark, Kjell, « The Nobel Prize in Literature. Alfred Nobel's Will », *Nobelprize.org*, décembre 1999.

Fehrman, Carl, *Vin och flickor och Bredmans stråke. Bellman och visans vägar*, Stockholm, P. A. Nordstedt & Söner, 1977.

Holmgren, Ola, *Stickspår. Åtta skäl varför Bob Dylan borde tilldelas Nobelpriset i litteratur*, Stockholm, Carlssons, 2016.

Jacobsson, Mats, *Dylan i 60-talet. Tematiken i Bob Dylans sångertexter och dikter 1961–67* [2004], Lund, Ellerströms, 2016.

Lahger, Håkan, *Bob Dylan. En kärlekhistoria*, Stockholm, Norstedts, 2011.

Lönnroth, Lars, *Den bacchanaliska musan – Bellman och hans efterföljare* [1987], dans Lars Lönnroth et Sven Delblanc (dir.), *Den svenska litteraturen*, Stockholm, Albert Bonnier, 1999.

Öijer, Bruno K. et Fylkeson, Eric, *Bob Dylan*, Lund, Rahms boktryckeri, 1975.

Thomas, Richard F., *Why Dylan Matters*, London, William Collins, 2017.

Vold, Jan Erik, *Dylan. Damer i regn. 70 sanger på norsk*, Oslo, Den norske Bokklubben, 1977.

Wiehe, Mikael, « Att översätta Dylan är ett monument », *Sydsvenska Dagbladet*, 2 décembre 2007, republié dans *Aftonbladet*, 16 octobre 2016, https://www.aftonbladet.se/kultur/a/jPgWjq/att-oversatta-ett-monument, page consultée le 10 juillet 2020.

Doru Pop

Nobel versus Oscars : A Comparative Analysis of Cultural Appreciation and Relevance

Abstract : This article questions why there is an easily observable discrepancy between two of the most prestigious cultural prizes : why so few Nobel Prize laureates in Literature are making their way onto the list of the Oscars ? By critically evaluating the most important arguments and by taking into consideration the various connections between these two prizes, the objective of this study is to understand the mechanisms of cultural value production.

Keywords : Nobel Prize, Oscars, literature, cinema, cultural value.

Résumé : Cet article a pour objet d'étude l'écart que l'on peut observer entre deux des prix culturels les plus prestigieux : pourquoi si peu de prix Nobel de littérature se retrouvent sur la liste des lauréats des Oscars ? En évaluant de manière critique les réponses les plus convaincantes à cette question, et en prenant en considération les différents liens entre ces deux prix, nous tentons de comprendre les mécanismes de production des valeurs culturelles.

Mots-clés : prix Nobel, Oscars, littérature, cinéma, valeurs culturelles.

Why no Oscar awards for the Nobel Prize winners ?

The first and most important question raised by this evaluation begins with questioning why there is an easily observable discrepancy between the two prizes : why so few Nobel Prize laureates in Literature are making their way onto the list of the Oscars ? Several possible answers must be evaluated, which might provide some explanations. By critically evaluating the most important arguments and by taking into consideration the various connections between these two prizes, the objective of this study is to understand the mechanisms of cultural value production. In order to simplify the discussion, we can identify two major lines of argumentation, each followed by more detailed particular clarifications.

The first is based on the premise that there is an incompatibility between the awards, respectively between the two types of media, that literature and cinema are uncongenial. Thus the differences between the two awards come from the different values of the respective mediums, which makes cinema oriented juries incompatible with a literature jury. The second claim is that, on the contrary, the awards are similar in their processes, as they are also some of the most important forms of cultural symbolic power distribution.

A secondary purpose of this research is to question the politics of recognition and value attribution, with an analysis focused on the « economy of prestige », as James English[1] described our contemporary cultural environments, with the two awards (the Oscars and the Nobel) part of our modern « age of awards ». While the cultural prizes are as old as civilization, with Greek drama one of the best documented competitions, awarding quality appraisals in literature, art and cinema are integral part of modern society. As English[2] previously observed, the increase of the number of prizes is correlated with the increase of cultural consumption. The awards have become global events, presented as competitive mass spectacles, institutions designed to distribute esteem[3]. The awards are instruments by which individual artists and their respective cultures or subcultures get recognition and their works attain symbolic value and social status at an unprecedented scale.

Can we compare the Oscars and the Nobel Prizes ? Some methodological clarifications

An important point which must open our discussion is to clarify the methodological relevance of a study between a literary prize, which carries the cultural prestige of the Nobel awards, compared with the Oscar prizes in cinema. As noted by English[4] and many other authors,

1 See James English, *The Economy of Prestige: Prizes, Awards, and the Circulation of Cultural Value*, Cambridge, Harvard University Press, 2005.
2 *Ibid.*, p. 19–20.
3 *Ibid.*, p. 51.
4 *Ibid.*, p. 28–29.

the connection is not only possible, it is genealogically viable, since the creation of a Nobel Prize in Literature, first awarded in 1901, initiated a century long emulation in many other cultural spheres, from music and journalism, to arts and humanities. In fact there is a common denominator, they are creations of modernity, cultural institutions specific to the context of industrial competition. The « Literature Nobel » has an ascendance because of its primordiality. It has set the example for many cultural hierarchies, with The Academy of Motion Picture Arts and Science (AMPAS) founded only in 1927, and its first ceremony held in 1929. Today almost all societies have their own « small Nobels », as the French Prix Goncourt or The Man Booker Prizes for the English speaking writers. As Burton Feldman[5] pointed out in his history of the Nobel Prize, there are several controversial decisions that can be criticized. Yet, although the award for literature was not in the first testament of the inventor of dynamite, its legacy remains unquestionably linked to his idealistic desire to create a reward to those who create works « benefiting humanity ».

The second problematic association is how can we justify a comparison between an American cinema award and one of the most appreciated European literature prizes, how can it be a relevant case study ? At first glance, it could seem that the members of the Academy of Motion Picture Arts and Sciences and the members of the Stockholm Academy have different values, that their respective institutions are founded on non-identical principles, thus making such a comparative evaluation irrelevant. The answer to this observation is that they both serve similar purposes, although dedicated to clearly different cultural products. Yet even though the American Film Academy is not an institution similar to the Swedish Academy, their prizes are creating cultural value and artistic relevance that serves a similar purpose.

While it is not the purpose of this study to compare the two awards as cultural institutions, the focus being rather the relationship between literature and cinema, it is important to observe that the criteria of selection and differentiation manifested in the winners lists establish hierarchies

5 See Burton Feldman, *Nobel Prize. A History of Genius, Controversy and Prestige*, New York, Arcade Publishing, 2001.

that are often disputable. With the Nobel Prize in Literature the questionable quality of awardees begins with the very first prize, attributed to the unremarkable French poet Sully Prudhomme ; and then there are the presence on the list of a modest philosopher like Rudolf Eucken, who remained relatively unknown, or the problematic literary value of Winston Churchill's political memoirs and oratorical skills, which were never appreciated outside their contextual importance. In a paradoxical way, the most controversial Oscar awards for Best Picture were literary adaptations such as Sydney Pollack's *Out of Africa* (1985), a melodramatic version of Karen Blixen's memoirs, or *The English Patient* (Minghella, 1997), which managed to create a relatively dull version of Michael Ondaatje's complex storytelling.

However, since both prizes confer a guarantee of quality and added cultural value that comes from the validation of an autonomous body, their similarity comes from this prestige. The added value generated by the awards results from the fact that they are among the most important in their respective field. Thus comparing the Oscars and the Nobel is methodologically proper, based on an approach used by other authors such as English, who compared the Nobel and the Oscars with the three other major European awards : Venice, Cannes and Berlin (as emulations of their American counterpart). Also, by choosing the Oscars as a comparison counterpart for the Nobel, this inquiry discusses the two institutions due to their equivalence in terms of global importance and relevance at the international level. As Federico Fellini said in 1975, after winning a fourth Academy Award, for his movie *Amarcord* (1973) : « In the mythology of the cinema, the Oscar is the supreme prize. »

With both awards being the most important forms of legitimacy and prestige in their respective fields, and considering the way in which they are creating hierarchies and conferring authoritative (academic or institutional) distinctions, they indicate the dominant cultural trends and disclose how prestige is enforced globally. Clearly any writer or film director awarded with these prizes is placed in the Pantheon of their artistic domain, with their quality confirmed by an evaluation considered to be as objective as possible.

Nobel *and* Oscar winners

When overviewing the two awards, there is a phenomenon that stands out, that is the scarcity of writers who were rewarded by both juries. In fact there are only two examples of writers who were Nobel Prize winners and who have also won an Oscar, and they are separated by almost a century : George Bernard Shaw (in 1925) and Bob Dylan (in 2016). Both recipients are outliers, and since we cannot count the Nobel Peace Prize winner Al Gore, who did not win an Oscar, yet his movie *An Inconvenient Truth* won the Oscar for best documentary (the prize went to the director of the movie), the only two case studies we seem to have expose an impossible comparison and a lack of a pertinent sample for a study.

However, a couple of relevant issues are raised by these two awardees and their respective prizes and situations are very relevant for our discussion. The first significant case is George Bernard Shaw, who won the Nobel Prize in Literature in 1925, and then got an Oscar for the best adapted screenplay in 1938. According to Robert Everding[6], Shaw received the award with consternation, and he refused to further discuss this play which was transformed into a movie. Other sources[7] suggest that the writer even considered the Oscar « an insult » and that he « hated Hollywood ». Although these claims remain to be substantiated, the 1938 movie directed by Leslie Howard and Anthony Asquith, which was later adapted as a musical and only decades later turned into the popular musical drama *My Fair Lady* (1964), clearly introduced several elements that were not in the original play. For example the exercises turned into musical tunes (« the rain in Spain stays mainly in the plain » and « In Hertford, Hereford, and Hampshire, hurricanes hardly ever happen ») do not belong to the playwright and, more importantly, the melodramatic ending, with Eliza returning to professor Higgins, does not either. In fact Shaw rejected all attempts to transform his play into an opera, or a musical for that matter, thus his position becomes an indicator of one of the major contrasts

6 *Ibid.*, p. 316.

7 See *The Week*, 2 November 2018, https://www.theweek.in/leisure/society/2018/11/02/the-undying-genius-george-bernard-shaw.html, accessed 26 April 2020.

between the two awards. The Oscars seem to be based on a predisposition to cultivate popular culture and taste, while the Noble appears to be oriented towards high culture recognition. This is one of the hypotheses we need to further discuss and analyse.

The second example is provided by the folk singer and lyricist Bob Dylan, who won an Oscar in 2000 (Best Song category), as his song « Things Have Changed » was used in the *Wonder Boys* movie (2000, directed by Curtis Harris). Later, in a controversial decision by the Swedish Academy, the songwriter was awarded the Nobel Prize in Literature in 2016. Here the situation is reversed when comparing to what happened with George Bernard Shaw, as Dylan's contribution to literature was having a profound impact in popular culture, thus representing a contrasting indicator, which seems to contradict the previous appraisal, that the Nobel Prizes are somewhat high-brow while the Oscars must be linked to their public and popular taste. As the first musician to be acknowledged as an important literary author, Dylan clearly influenced many poets and writers and had a powerful cultural influence, acknowledged by the Nobel committee members. As professor Sara Danius, the Permanent Secretary of the Swedish Academy at that time, compared the poet-singer with Homer[8], the boundaries between literature and popular culture are no longer a separating criteria.

The « Nobel complex » and the « Oscar envy »

The cultural turmoil caused by bestowing the highest award in literature to Dylan provides us with another relevant situation, one that must be addressed before moving forward with the comparison between the two prizes. As indicated by the statistics of the overall competition winners, the reality is that there are several countries with no awards. This cultural « no man's land », with countries ignored by the selection committees and the juries, as is the case with the Romanian literature, is extremely problematic. While several other countries enjoy multiple awards, as is the case with the French, German or Italian literatures, Romanian writers were totally neglected. In fact here is another major similarity between the

8 See *Duke Today*, 6 April 2017, https://today.duke.edu/2017/04/how-win-nobel-prize-literature, accessed 26 April 2020.

two prizes since, when overviewing the international Oscar awards, a parallel situation is immediately noticeable. As Italy and France dominate the top, with 14 and 12 prizes obtained since 1956 when the « international Oscar » was first awarded, there is a discrepancy that shows the negative end of the selection processes. The podium is dominated by countries that received multiple awards, while a negative hierarchy shows that some countries did not benefit from the recognition of the Swedish Academy, or that of the American Motion Picture Academy.

At the present time, no Romanian movie maker was among the finalists in the list of nominees for the Oscars, and no Romanian writer was ever awarded a Nobel Prize. No wonder that the Romanian culture displays a considerable « Nobel complex », together with an « Oscar envy », which engenders a public obsession for the reasons why our artists and writers did not obtain these recognitions.

These tensions sharpened explicitly when the public announcement about Bob Dylan's appreciation revolted some of the Romanian literary critics and writers, who denounced this nomination and recognition as unacceptable. A special case in this context was Mircea Cărtărescu, one of the most important authors of contemporary Romanian culture, himself repeatedly a candidate for the Nobel Prize in Literature for decades. Cărtărescu, who translated the poems of Dylan in a wonderful edition, posted an angry message online, claiming that the prize should have been given to a « real writer ». Together with Nicolae Manolescu, an elderly literary critic and the head of the Romanian Writers' Association, who was even more dismissive by labelling Dylan as a « second hand songwriter », the leaders of national literature were denouncing the « shameful » decision of the Swedish Academy[9].

Their reactions disclose that the Romanian literature has developed a clear Nobel envy, and Cărtărescu, who was repeatedly declared a potential winner by national media, unfortunately was never among the laureates. When in 2019 Mircea Cărtărescu was yet another time considered to be among the top possible winners, at least according to the betting services

9 See *Adevărul*, 13 October 2016, https://adevarul.ro/cultura/carti/nicolae-manolescu-dezlantuit-bob-dylan-luat-nobelul-e-textier-mana-doua-e-mizerie-1_57ffac445ab6550cb8876c32/index.html, accessed 26 April 2020.

quoted by Romanian journals, these informal rankings stirred a media frenzy with many news titles stating that the Romanian poet and novelist was on « the short list for a Nobel ». This phenomenon is very much similar to the Chinese quest for the Nobel, an effort very well documented by Julia Lovell[10]. Its basis are certainly expressions of a cultural nationalism, with the excessive preoccupation within a society for these acknowledgments being the sign of a cultural complex and anxiety.

As pointed out by Romanian sociologist and political critic Alina Mungiu-Pippidi[11], who wrote a study relevantly entitled « Why the Romanians do not get the Nobel Prize », the lack of recognition indicates that there is a social problem within the Romanian society. This excessive preoccupation is an indicator of a cultural anxiety. Mungiu-Pippidi considers that it also shows the incapacity of Romanian culture to select real values and to support those authors that have the real merits in their quest. This internal problem, caused by the lack of performance and the fake selection of cultural quality, claims this critical political theorist, was made exposed when the Nobel Prize was received by Herta Müller, a German speaking author who was born and educated in Romania. While many considered it a « Romanian award », the appreciation shown to Müller was also uncovering the impotence of the national institutions to recognize and appreciate their valuable artists and creators. The argument is further developed by Ignat Florian Bociort[12], who identifies several other reasons why the Romanian writers did not received a Nobel Prize, starting with the « inferiority complex » of our culture, and the under-appreciation of our own accomplishments, together with the predisposition of our cultural environment for gossip and envy within the intellectual community. This supposed internal incapacity to mobilize the national resources in order to promote a Romanian writer (and, by extension, a movie director) to

10 See Julia Lovell, *The Politics of Cultural Capital : China's Quest for a Nobel Prize in Literature*, Honolulu, University of Hawaii Press, 2006.

11 See Alina Mungiu-Pippidi, *De ce nu iau românii premiul Nobel*, 2nd ed., Iassy, Polirom, 2014.

12 See Ignat Florian Bociort, « De ce România nu are Premiul Nobel pentru Literatură ? », *Cultura literară*, n° 477, 24 July 2014, https://revistacultura.ro/nou/2014/07/de-ce-romania-nu-are-premiul-nobel-pentru-literatura/, accessed 25 April 2020.

the international arena is contradicted by the extraordinary support that Cărtărescu received during his bid for the prize, which happens almost every year.

A matter of national pride

When overviewing the movies that were made by national cinemas as adaptations of their famous Nobel Prize winner, one similar trait shared by many of these productions might indicate another explanation. The recipients of the Nobel Prize often have a limited reception and, while acknowledged and appreciated internally, they lack international visibility. A couple of examples are indicative. Among the authors widely recognized by the national film industry is the Mexican writer Octavio Paz, who was awarded a Nobel Prize in Literature in 1990. A close friend of Buñuel, Paz was mostly known as a surrealist poet, yet he was also a playwright and a novelist, nevertheless his remarkable works were adapted for the screen only in Spanish, and just after he won the Nobel Prize. Thus in 1990 María Luisa Bemberg created *Yo, la peor de todas*, a story following the fable-essay entitled *Sor Juana Inés de la Cruz o las trampas de la fe*, but the movie remained relatively unknown.

We can find similar examples in almost all national cultures. In the Romanian national cinema, the movie director Stere Gulea adapted one of Herta Müller's novels, *The Fox Was the Hunter*, distributed with the international title *Fox : Hunter* (*Vulpe, vânător*, 1991). The film was ignored by the public and the film festivals and, although Müller received the Nobel Prize in 2014, the cinema production had only 23 891 spectators overall. The Hungarian cinema industry discloses a similar situation. While neighbouring Hungary has a better resume than Romania, with Imre Kertész as a laureate in 2002, and two Oscars for István Szabó in 1981 and László Nemes in 2015, the efforts to produce internally a movie that was recognized globally failed. Even if *Fateless* (*Sorstalanság*, 2005, directed by Lajos Koltai), an adapted version of the novel written by Kertész (with the author himself authoring the screenplay), was the most expensive movie made in Hungary at that time, this version went unnoticed by film festivals, managing only to get several nominations and marginal prizes. There is a pattern here, shared with another great Nobel Prize winner, which is

Günter Grass. His remarkable novel, *The Tin Drum*, adapted for cinema by Volker Schlöndorff as *Die Blechtrommel* (1979), and awarded a *Palme d'or* at Cannes, was never followed by an international version. So, even if the authors are widely appreciated in their own countries, their global recognition comes often very late in their career, as Grass was recognized by the Nobel committee only in 1999 ! As David Carter (2012) suggested, this type of provincialism is often hindering the recognition of the works in their own right.

Cultural imperialism and the political hypothesis

Thus it would seem that another major accusation raised against the Nobel Prizes in Literature, and valid in movie selections such as the Oscars, is validated. The often vocalized accusation that the prizes are « politicized » would appear to be confirmed. Clearly the awards indicate that there was for a long time an inclination for English language writers and movie directors, as they were mostly male authors from Western world. The Oscars are evenly biased, and are even more prone to criticism. It is only in 2020 that the South Korean movie *Parasite* was celebrated as both the best international and the best movie of the year, as these productions were often placed in a special category, segregating « foreign » films. When looking at the statistics, even though there were some positive changes in the last couple of years, the negative appraisals of the situation continue to indicate that 29 Nobel Prizes were attributed for English writers, compared to 14 French, 13 German and only 2 for Chinese authors. Also, when evaluating the international Academy Awards winners, we can observe a steep difference between countries, as Italy has 14 wins and France has 12 wins, utterly dominating the podium. These countries, which have the highest number of nominations in almost all cultural prizes, are gradually replaced by the most recent winners. In the last decade (2010–2020) we can observe a more diverse distribution of awards at the Oscars, with Iran winning two prizes, Poland, Hungary, Chile one, and in 2020, South Korea obtaining the legitimacy of the Motion Pictures Academy. The fact that none of these movies were literary adaptations, and that almost all of them were based on strange stories, dealing with atypical situations, shows a larger divide between the cinematic and the literary, a question that we need to deal with further on.

Feldman[13] observes that the literary Nobel was often functioning as a « disguised Peace Prize », the arguments of the jury being frequently based more on social and cultural criteria than artistic qualities. This is why an even more relevant dimension of our discussion is the similarity between the Nobel and the Oscars at the level of their political relevance. Many rejections and numerous remarkable authors bypassed by the two selection committees indicate a politicized decision making. A recently published document, for example, shows that Samuel Beckett was considered « unsuitable » for the Nobel Prize in 1968. Although he received the accolades a year later, for describing « the destitution of modern man », Beckett was initially[14] considered by Anders Österling, the head of the Swedish jury, as incompatible with the « Nobel spirit ». The ideological agenda of cultural prizes becomes even more powerful when, as it was the case for Boris Pasternak, awarded the Nobel Prize in Literature during a covert operation backed by the CIA to discredit their Soviet enemies, the decisions of the cultural institutions are based on political criteria. Similar political reasonings were denounced by the communist press in China when Gao Xingjian, the first Chinese-born writer to be awarded a Nobel Prize, in 2000, was rewarded although he became a French citizen in 1997 and his works were banned for denouncing the terror during the Cultural Revolution.

The same goes for the Oscars, where many artists have used the stage and the opportunity presented by the award ceremonies for promoting their political principles, with the most recent example being Joaquin Phoenix, who in his 2020 speech as Oscar Winner for Actor in a Leading Role for *Joker* raised awareness against meat eating, lamenting the dire condition of artificially inseminating cows. Using the awards as a political platform has been used in many other occasions : Marlon Brando used the same event in 1973, when he was awarded the Oscar for Best Actor, for his character in *The Godfather*, sending a Native

13 See Burton Feldman, *op. cit.*, p. 56.

14 See *The Guardian*, 10 January 2019, https://www.theguardian.com/books/2019/jan/10/samuel-beckett-rejected-as-unsuitable-for-the-nobel-prize-in-1968, accessed 25 April 2020.

American actress to deliver a speech protesting against Hollywood's portrayal of Native Americans.

Cultural capitalism : the Nobel and the Oscars sell !

Another similarity between the two awards is their explicit commercial value : both awards are important marketing instruments, designed and used for promotional activities by their respective cultural industries. In this sense, both prizes have become an integral part of the global « economy of prestige », as explained by James English, a form of cultural capital based on selection and promotion intended for profit. Just as the Oscars are generating massive revenues for the production companies, immediately after a literary award books that were out of print are suddenly re-published, sometimes in expensive editions branded as « winners ». English, who is using the conceptual framework developed by Pierre Bourdieu, observes that cultural value is convertible into financial (and political) gains. Economic statistics indicate that literary and artistic awards generally lead to dramatic increase of sales, a phenomenon amplified as capitalist societies were transformed into a new spectacular environment, leading to an « age of awards », driven by celebrities and entertainment[15]. Literary prizes and movie awards are decisive factors in economic decision making, and the Nobel just as the Oscars have become cultural centres for creating cultural capital. For example the sales of books for the Canadian writer Alice Munro skyrocketed after the award, with a remarkable increase after winning the Nobel of 4 424 % ! A relatively ignored author was transformed into a successful bookstore celebrity. This is similar with the famous « Oscar bump », a concept describing the increase in sales generated after a movie is recognized by the Film Academy. Overall Oscar winners receive an increase of 22,2 % ($20,3 million in box office revenues) immediately after being nominated, with an additional 15,3 % ($14 million) after winning an Oscar. According to Barrie Gunter[16], an indicator for the commercial success of a movie is related to the fact that the director or the

15 See James English, *op. cit.*, p. 77–78.

16 Barrie Gunter, *Predicting Movie Success at the Box Office*, Basingstoke, Palgrave Macmillan, 2018, p. 118.

main actors have won an Oscar. The status and the prestige of the star is transformed into monetary value by the studios, award nominations and then award winning are used for amplifying box office revenues.

This brings us to another important concept, extremely useful when trying to understand the mechanisms of the two awards. They are both tools for creating cultural value and cultural capital, as explained by Bourdieu's seminal study[17], « The Forms of Capital », which provides us with some important suggestions. The French sociologist elaborated a theoretical framework for explaining how institutionalized cultural capital is generated not only by material value, but also by immaterial desirability. The titles and awards are in fact producing differentiations, which in turn are cultivating interests then stimulate market activities. The main agents for instilling and then disseminating cultural value are institutions able to sanction the value of a product : by guaranteeing the qualifications of the authors and the quality of the work of art, of literature and of cinema, these symbolic capital qualities are transformed into material profits by the institutions that own their economic rights.

While the specific cultural economics of the two prizes remain different, the mechanisms of the accumulation of cultural capital are the same. Once more, as observed by Bourdieu, all the goods, material or artistic, are attributed a certain value by the power of *distinction*, which comes through an award or through a recognition, not just by intrinsic value, but also by presenting that object as a *rarity*. Thus the cultural hierarchies are not only consecrations of value, they are markers for the distinction of the product itself.

The aesthetic distinctions thesis

In the following arguments a couple of notes are necessary on the relationship between cinema and literature, since one of the major dogmas preventing the comparison between the Nobel and the Oscars remains that films and books are incompatible because of their *ontological difference*.

17 See Pierre Bourdieu, « The Forms of Capital », in John Richardson (ed.), *Handbook of Theory and Research for the Sociology of Education*, Santa Barbara, Greenwood, 1986, p. 241–258.

Many authors, including the writers themselves, treat the two modes of expression as mutually exclusive, considering that their outcomes are dissimilar and their functions are divergent. Without going too deep into this ample debate, we can identify two major attitudes. One considers cinematic adaptations as degradations of a literary work, and suggests that by transposing a book onto the screen, this becomes a form of downgrading the value of the literary work. Sometimes even the language of film is considered to be incompatible with the language of literature. Some disregard cinematic productions because they belong to a profit driven industry, claiming that book publishing is more culturally relevant.

As previously observed the film industry has similar marketing outcomes with book publishing, and the presumed *cultural divide* between « high culture » (with quality attributed to literature) and « low culture » (a presupposed lack of quality of films) is disputable. The dichotomy based on the assumption that movies are market oriented, as indicated by their success, driven by box-office revenues, while books have an aesthetic value beyond the monetary appreciation, is a prejudice. The explanation that « valuable literary » works can never be turned into successful movies, together with the incompatibility of the two media, need to be dismantled.

The film versus books hypothesis has several supporters and numerous examples of writers refusing the adaptation of their novels are provided as irrefutable proof of this incompatibility. A famous example is the writer Gabriel García Márquez, who was awarded a Nobel in 1982. His masterpiece *One Hundred Years of Solitude* was never made into a film because Marquez refused to give up the adaptation rights. Only recently they were bought by Netflix, who announced the creation of a new film series, which would respect the caveats of the author, who insisted that only a Spanish language movie and a longer exposition would give credit to his outstanding literary chef-d'oeuvre. This writer shows a paradoxical situation, as Marquez was a film critic, who also wrote screenplays, and as many of his novels were turned into movies with his approval. How can we explain this reluctance to accept a film version of a literary work ? Is the idea that « good books » are never transformed into « good movies » justified ? One might think here of P. L. Travels, who wrote the series of books *Mary Poppins* in 1934, and was relatively popular in Britain, but refused for many years to give the rights for cinema adaptation until 1968. When the

Disney movie was screened, it made Mary Poppins a global brand and it transformed the reception of the books.

Good books, good movies, bad books, big awards

There is no resistance from the movie industry to use literary sources : in fact, since 1928 when the first awards were given, more than 60 Best Picture winners were derivative productions created from literary originals. A remarkable example is *One Flew Over The Cuckoo's Nest* : Ken Kesey's novel was one of the biggest winners in 1975, as Miloš Forman created a version winning several awards. The incompatibility thesis can be easily dismantled, since there are even more films that base their success in literature. In fact some authors had a lot of success with the movie version of their books before getting a Nobel recognition, and some writers were successful as screen-play writers. John Steinbeck, awarded the Nobel Prize in Literature in 1962, who won several Pulitzer Prizes, had his works turned into movies before their literary recognition. Adaptations such as *Of Mice and Men* (1937, directed by Lewis Milestone), *The Grapes of Wrath* (1940, directed by John Ford), or *East of Eden* (1952, directed by Elia Kazan) were widely popular. Steinbeck also wrote five screenplays for cinema, including *Viva Zapata !* (1952, directed by Elia Kazan).

Another argument that contradicts the incompatibility hypothesis are the books that are superseded by their movie versions. One irrefutable counterargument to the ontological value of literature and the lowbrow nature of cinema is provided by movies that are enhancing the potential of their literary counterparts. A representative illustration is provided by the works of Alfred Hitchcock, who never won an Oscar award, although he was nominated several times. The famous British director is a proof that the ontological difference hypothesis is invalid, since many of his films are adaptations of relatively modest books. How many of us remember the book entitled *D'entre les morts*, written by Boileau-Narcejac ? Yet this book became *Vertigo*, one of Hitchcock's masterpieces. And Hitchcock's *Psycho*, made after a screenplay adapted from Robert Bloch's 1959 novel with the same title, is one of the most influential thrillers of all times, without the writer ever managing to surpass the celebrity of the film he inspired. The same is true for *Jaws* (1975, directed by Steven Spielberg), a movie inspired by Peter Benchley's novel, which was promoted by the producers of the copyrights, who bought the work before it was even prin-ted. Probably the best example remains *Death in Venice*, the provocative novel written by Thomas Mann (who received the Nobel in 1929), which was adapted by Luchino Visconti in 1971. The movie became a cult film, keeping with the homosexual subtheme, but adding the composer/artist plot to the overall storytelling. The movie and the novel are not in a competition, they function as an intertextual dialogue, amplifying their respective qualities.

Also relevant are the instances in which books have reached notoriety before their authors received a Nobel Prize, and who were transformed into acclaimed movies before getting an official recognition. This is the case with *Lord of the Flies*, the 1954 novel published by William Golding (Nobel Prize in 1983). This extraordinary literary work was first adapted for the big screen in 1963, followed by a remake in 1990, when MGM bought the rights for the book. Golding reached the status of a cult writer decades before receiving the recognition of literary awards, and cinema played an important role in the process. Of course, literary notoriety is possible even when the films are superior to the prose. Francis Ford Coppola's adaptation of Mario Puzo's novel, *The Godfather*, which was a global success and the winner of three Oscars, including the Best Picture award in 1972, gave the book an unprecedented international visibility. Even if Puzo would never be considered as a potential candidate for the Nobel Prize in Literature, and the saga of the Corleone family (continued with more instalments and Academy awards) is not the typical material for a high-culture recognition, the films show that cinema can help literature. Many literary authors are appreciated before receiving awards and institutional recognition because of their adapted works and their notoriety in popular culture.

This recognition is sometimes disputable, with one of the best illustrations of widely appreciated literary works never recognized by the Nobel committee being J. R. R. Tolkien. In 1961 the Yugoslavian writer Ivo Andrić won against Tolkien : the Swedish Academy considered that *The Lord of the Rings* did not qualify since it « had not in any way measured up to storytelling of the highest quality ». On the other hand, when the movies were adapted by Peter Jackson in a globally popular trilogy, *The*

Lord of the Rings received a total of 17 Oscars : 11 for *The Return of the King*, 2 for *The Two Towers*, and 4 for *The Fellowship of the Rings*. The romantic writings of Andrić remain confined to his beloved Bosnian culture.

When the Oscars and Nobel converge

The practical evidence is that there is no divide between the two media, and some of the awards indicate their profound similarities. One converging mechanism resides in the fact that both cinema and literature are promoting shared social and ideological values, not only searching for the interest of their audiences, but also serving political purposes. The case of Boris Pasternak is relevant for this argument, as the Russian writer won the Nobel in 1958 and the movie adaptation of *Doctor Zhivago* got five Oscars (for cinematography, screenplay, costumes, music and art direction) in 1966. The production was also extremely popular at the box office, since it made $111 million in sales and the book was sold in millions of copies worldwide. Recently declassified documents[18] show that the CIA used the novel as a propaganda tool in the Cold War, with literature and cinema « weaponized » in the ideological conflict. As the American agency financed the printing of the book, helped promote it and supported the film production, their global recognition was unprecedented.

Another relevant example is *Quo Vadis* (1951), a movie nominated for eight Academy Awards (although it got no prizes). With Henryk Sienkiewicz Nobel winner in 1905, Poland is among the most appreciated cultures in the Eastern European countries, with a total of six laureates. This literary work is among the most adapted in cinema history, as the melodramatic story situated in the background of Christian persecutions was turned into films as early as 1913, when the Italian director Enrico Guazzoni created the first version. In the Polish national cinema, Sienkiewicz, together with his fellow winner Władysław Reymont (1924 Nobel Prize in Literature), whose *Ziemia obiecana* (*The Promised Land*, 1975) was adapted by Andrzej Wajda, is used as an inspiration for several films.

18 See https://www.cia.gov/library/readingroom/collection/doctor-zhivago, accessed 27 May 2020.

Nevertheless, the literary quality of such popular novels is questionable, just as the value of their respective adaptations is diminished by the contextual determinacy of the storytelling.

As there are only a few books that continue to resist both the commercial success and the cultural awards, with the remarkable example of *The Catcher in the Rye*, Salinger's masterpiece, that was never officially adapted and whose author never received a Nobel recognition, the Oscar versus Nobel divide is extremely narrow. The presumed conflict between cinema rewarding only commercially successful stories and the Nobel promoting only artistically relevant contents is highly untenable : both awards are, in their respective fields, sources of cultural capital.

Bibliography

Bociort, Ignat Florian, « De ce România nu are Premiul Nobel pentru Literatură ? », *Cultura literară*, n° 477, 24 July 2014, https://revistacultura.ro/nou/2014/07/de-ce-romania-nu-are-premiul-nobel-pentru-literatura/, accessed 25 April 2020.

Bourdieu, Pierre, « The Forms of Capital », in John Richardson (ed.), *Handbook of Theory and Research for the Sociology of Education*, Santa Barbara, Greenwood, 1986, p. 241–258.

English, James, *The Economy of Prestige : Prizes, Awards, and the Circulation of Cultural Value*, Cambridge, Harvard University Press, 2005.

Feldman, Burton, *Nobel Prize. A History of Genius, Controversy and Prestige*, New York, Arcade Publishing, 2001.

Gunter, Barrie, *Predicting Movie Success at the Box Office*, Basingstoke, Palgrave Macmillan, 2018.

Lovell, Julia, *The Politics of Cultural Capital : China's Quest for a Nobel Prize in Literature*, Honolulu, University of Hawaii Press, 2006.

Mungiu-Pippidi, Alina, *De ce nu iau românii premiul Nobel*, 2nd ed., Iassy, Polirom, 2014.

Nikol Dziub et Augustin Voegele

Conclusion. Le Nobel à l'épreuve du XXIe siècle

Résumé : La modernité puis la post-, l'hyper et aujourd'hui l'épi-modernité ont imposé au prix Nobel de littérature un défi majeur : c'est une institution qui, depuis sa naissance ou presque, et de nos jours plus que jamais, doit enregistrer et consacrer les embardées d'une littérature confrontée à l'effondrement du système de valeurs (généalogiquement sinon essentiellement européen) dont elle est née.

Mots-clés : prix Nobel de littérature, modernité, valeurs culturelles, institutions culturelles, Europe.

Abstract : Modernity, then post-, hyper and today epi-modernity have imposed a major challenge on the Nobel Prize for Literature : it is an institution which, since its birth or almost, and today more than ever, must record and consecrate the irregularities of a literature confronted with the collapse of the (genealogically if not essentially European) system of values from which it was born.

Keywords : Nobel Prize for Literature, modernity, cultural values, cultural institutions, Europe.

On aura compris que la plupart des questions qui occupent les contributeurs de ce volume, même si évidemment elles s'appliquent aussi à des auteurs du passé, sont des questions du présent, des questions du XXIe siècle faudrait-il dire – d'où le titre que nous avons choisi pour cette brève conclusion. Bien entendu, il n'a pas fallu attendre le XXIe siècle pour qu'on découvre, par exemple, que les catégories nationales ne sont pas suffisantes pour penser la littérature et pour la cartographier. En 1952 déjà, dans son « Banquet Speech », François Mauriac mobilisait des catégories à la fois infra et supranationales pour expliquer l'honneur qui lui était fait :

> Ce petit monde d'autrefois qui revit dans mes livres, ce coin de province française très peu connu des Français eux-mêmes et où s'écoulaient mes vacances d'écolier, je n'imaginais pas, quand j'ai commencé à les décrire, que cela

> pût retenir l'attention de lecteurs étrangers. Nous nous croyons toujours très singuliers ; nous oublions que les livres qui nous ont enchantés nous-mêmes, ceux de George Eliot ou de Dickens, de Tolstoï ou de Dostoïevski, ou de Selma Lagerlöf, décrivent des pays très différents du nôtre, des êtres d'une autre race et d'une autre religion ; et pourtant nous ne les avons aimés que parce que nous nous y sommes reconnus. L'humanité tout entière tient dans ce paysan de chez nous, et tous les paysages du monde dans l'horizon familier à nos yeux d'enfant. Le don du romancier se ramène précisément au pouvoir de rendre évidente l'universalité de ce monde étroit où nous sommes nés, où nous avons appris à aimer et à souffrir[1].

Toutefois, il nous semble que, si l'on peut trouver dans des postures de ce genre une sorte de préhistoire de nos propres interrogations, les questions qui se posent aujourd'hui aux acteurs du prix Nobel de littérature sont des questions nouvelles. Passons sur le fait que le prix Nobel de littérature a traversé il y a peu une épreuve qui est ancrée dans une histoire des mentalités et des comportements très récente. En dehors de cela, il paraît évident qu'un écrivain comme Mauriac pensait encore son rapport aux cultures en termes d'attachement et d'appartenance, à une région, à une nation, à l'humanité. Alors qu'au contraire, comme l'établissent les divers chapitres de ce volume, c'est plutôt sur le mode négatif que l'écrivain du XXIe siècle pense son identité. Les premiers mots du discours Nobel de Kazuo Ishiguro (2017) en sont un exemple éloquent : « Si vous m'aviez croisé à l'automne 1979, vous auriez sans doute eu quelques difficultés à définir mon milieu social ou même, mes origines[2]. » Et l'écrivain du XXIe siècle ne se sent pas seulement en marge des littératures ou des cultures nationales, il paraît se sentir presque en marge de tout, et en particulier de toute pensée universalisante. On pourra penser ici à la confidence d'Orhan Pamuk dans son discours du 7 décembre 2006 : « Quant à ma place dans l'univers, mon sentiment était que de toute façon, j'étais à l'écart, et bien loin de tout centre, que ce soit dans la vie ou dans la littérature[3]. » « [À] l'écart »,

---

1 Voir https://www.nobelprize.org/prizes/literature/1952/mauriac/25765-francois-mauriac-banquet-speech-1952/, page consultée le 11 juillet 2020.

2 Voir https://www.nobelprize.org/prizes/literature/2017/ishiguro/25130-kazuo-ishiguro-confarence-nobel/, page consultée le 11 juillet 2020.

3 Voir https://www.nobelprize.org/prizes/literature/2006/pamuk/25325-orhan-pamuk-conference-nobel/, page consultée le 11 juillet 2020.

dit Pamuk : c'est le titre même du discours d'Elfriede Jelinek[4], prix Nobel 2004. Or, malgré leur caractère historiquement situé, de telles postures nous aident, comme le montrent certains des articles ici recueillis, à repenser les tourments des Nobels du passé – de ceux, en particulier, qui, traumatisés dans leur chair comme dans leur esprit par l'une ou l'autre des guerres mondiales (voire par les deux), peinèrent à redéfinir leur place dans le « monde en ruine » d'après la catastrophe.

Et c'est peut-être cela le grand défi que la modernité puis la post-, l'hyper et aujourd'hui l'épi-modernité ont imposé au prix Nobel : c'est une institution qui, depuis sa naissance ou presque, et aujourd'hui plus que jamais, doit enregistrer et presque consacrer les irrégularités, les embardées, les écarts d'une littérature confrontée à l'effondrement du système de valeurs (généalogiquement sinon essentiellement européen) dont elle est née, et qui par conséquent, décennie après décennie, est de moins en moins amie des institutions. En dehors de toute prise de position, et qu'on soit d'accord ou pas avec ce choix, telle est sans doute la grande leçon du Nobel attribué à Bob Dylan : la littérature est sortie de ses gonds, y compris institutionnellement. Ceux qui peuvent prétendre au Nobel de littérature ne sont plus seulement des représentants de disciplines en mesure de prouver soixante-quatre quartiers de noblesse comme l'histoire, la philosophie ou l'art oratoire. Ce sont aussi des chanteurs et des paroliers – lesquels, même s'ils se réclament (ou si l'on se réclame pour eux) de la tradition des bardes et des troubadours, sont les représentants d'une forme de culture somme toute très jeune. Le prix Nobel est constamment obligé de repenser ce qu'il récompense, de telle sorte que des considérations relevant de l'histoire sociale des arts s'invitent dans les délibérations, comme si l'Académie suédoise craignait de se laisser distancer par l'époque. D'où ces décisions qui surprennent jusqu'aux impétrants eux-mêmes – comme en témoigne cette confession, évidemment en partie rhétorique, de Bob Dylan : « Lorsque j'ai reçu le prix Nobel de littérature, je me suis demandé quel lien mes chansons entretenaient au juste avec la littérature[5]. » Légitime question sur sa légitimité même, qui en quelque sorte résume à la

4 Voir https://www.nobelprize.org/prizes/literature/2004/jelinek/25211-elfriede-jelinek-conference-nobel/, page consultée le 11 juillet 2020.

5 Voir Bob Dylan, *Discours à l'Académie suédoise*, Paris, Fayard, 2017.

fois les enjeux et les conclusions de notre volume, dont les contributions tentent de mettre en lumière les fondements et les métamorphoses d'un ensemble de *valeurs* (le mot est à entendre dans un double sens, moral bien sûr, mais aussi économique) qui longtemps ont formé le soubassement de l'esprit européen, et de l'idéal Nobel par la même occasion.

Bibliographie

Dylan, Bob, *Discours à l'Académie suédoise*, Paris, Fayard, 2017.

Ishiguro, Kazuo, « Conférence Nobel », 2017, https://www.nobelprize.org/prizes/literature/2017/ishiguro/25130-kazuo-ishiguro-confarence-nobel/, page consultée le 11 juillet 2020.

Jelinek, Elfriede, « Conférence Nobel », 2004, https://www.nobelprize.org/prizes/literature/2004/jelinek/25211-elfriede-jelinek-conference-nobel/, page consultée le 11 juillet 2020.

Mauriac, François, « Banquet Speech », 1952, https://www.nobelprize.org/prizes/literature/1952/mauriac/25765-francois-mauriac-banquet-speech-1952/, page consultée le 11 juillet 2020.

Pamuk, Orhan, « Conférence Nobel », 2006, https://www.nobelprize.org/prizes/literature/2006/pamuk/25325-orhan-pamuk-conference-nobel/, page consultée le 11 juillet 2020.

Index des noms de personnes

Études de linguistique, littérature et art
Studi di Lingua, Letteratura e Arte

Dirigée par Katarzyna Wołowska et Maria Załęska

Volume 1 Teresa Muryn/Salah Mejri/Wojciech Prażuch/Inès Sfar (éds): La phraséologie entre langues et cultures. Structures, fonctionnements, discours. 2013.

Volume 2 Przemysław Dębowiak: La formation diminutive dans les langues romanes. 2014.

Volume 3 Katarzyna Wołowska: Le sens absent. Approche microstructurale et interpétative du virtuel sémantique. 2014.

Volume 4 Monika Kulesza: Le romanesque dans les *Lettres* de Madame de Sévigné. 2014.

Volume 5 Judyta Zbierska-Mościcka: Lieux de vie, lieux de sens. Le couple lieu/identité dans le roman belge contemporain. Rolin-Harpman-Feyder-Lalande-Lamarche-Deltenre. 2015.

Volume 6 Izabela Pozierak-Trybisz: Analyse sémantique des prédicats de communication. Production et interprétation des signes. Emplois de communication non verbale. 2015.

Volume 7 Maria Załęska: Retorica della linguistica. Scienza, struttura, scrittura. 2014.

Volume 8 Teresa Muryn / Salah Mejri / Wojciech Prażuch / Inès Sfar (éds.): La phraséologie entre langues et cultures. Structures, fonctionnements, discours. 2015.

Volume 9 Ewa Stala: El léxico español en el *Waaren-Lexicon in zwölf Sprachen* de Ph. A. Nemnich. 2015.

Volume 10 Paulina Mazurkiewicz: Terminologie française et polonaise relative à la famille. Analyses fondées sur les documents de la doctrine sociale de l'Église catholique. 2015.

Volume 11 Christophe Cusimano: Le Sens en mouvement. Études de sémantique interprétative. 2015.

Volume 12 Renata Jakubczuk: Téo Spychalski: Dépassement scénique du littéraire. 2015.

Volume 13 Katarzyna Gabrysiak: Analyse lexicale des verbes français exprimant la cause. À partir de l'exemple de *déterminer* et de *produire*. 2015.

Volume 14 Anna Grochowska-Reiter: Commedia all'italiana come specchio di stereotipi veicolati dal dialetto. Un approccio sociolinguistico. 2016.

Volume 15 Marta E. Cichocka: Estrategias de la novela histórica contemporánea. Pasado plural, Postmemoria, Pophistoria. 2016.

Volume 16 Anna Krzyżanowska / Katarzyna Wołowska (éds): Les émotions et les valeurs dans la communication I. Découvrir l'univers de la langue. 2016.

Volume 17 Anna Krzyżanowska / Katarzyna Wołowska (éds): Les émotions et les valeurs dans la communication II. Entrer dans l'univers du discours. 2016.

Volume 18 Edyta Kociubińska (éd.): Le jeu dans tous ses états. Études dix-neuviémistes. 2016.

Volume 19 Maria Załęska (ed.): Il discorso accademico italiano. Temi, domande, prospettive. 2016.

Volume 20 Adrianna Siennicka: Benito Mussolini retore. Un caso di persuasione politica. 2016.

Volume 21 Regina Bochenek-Franczakowa: Présences de George Sand en Pologne. 2017.

Volume 22 Andrzej Zieliński: Las fórmulas honoríficas con -ísimo en la historia del español. Contribución a la lexicalización de la deixis social. 2017.

Volume 23 Ewa Kalinowska: Lire en classe de français. Nouvelles d'expression française dans l'enseignement et l'apprentissage du FLE. 2017.

Volume 24 Paulina Malicka: Il movimento del dono nella poesia di Eugenio Montale. Rifiutare – ricevere – ricambiare. 2017.

Volume 25 Anne Isabelle François / Edyta Kociubińska / Gilbert Pham-Thanh / Pierre Zoberman (dirs.): Figures du dandysme. 2017.

Volume 26 Andrzej Zieliński / Rosa María Espinosa Elorza: La modalidad dinámica en la historia del español. 2018.

Volume 27 Wojciec Prażuch. Les langues de bois contemporaines. Entre la novlangue totalitaire et le discours détabouisé du néo-populisme. 2018.

Volume 28 Witold Wołowski (ed.): Le théâtre à (re)découvrir I. Intermédia / Intercultures. 2018.

Volume 29 Witold Wołowski (ed.): Le théâtre à (re)découvrir II. Intermédia / Intercultures. 2018.

Volume 30 Gilles Quentel: La genèse du lexique français. 2018.

Volume 31 Luca Palmarini: La lessicografia bilingue italiano-polacca e polacco-italiana dal 1856 al 1946. 2018.

Volume 32 Anna Krzyżanowska / Jolanta Rachwalska von Rejchwald (éds.): Texte, Fragmentation, Créativité I. Text, Fragmentation, Creativity I. Penser le fragment en linguistique. Studies on a fragment in linguistics. 2018.

Volume 33 Jolanta Rachwalska von Rejchwald / Anna Krzyżanowska (éds.): Texte, Fragmentation, Créativité II. Text, Fragmentation, Creativity II. Penser le fragment littéraire. Studies on a fragment in literature. 2018.

Volume 34 Tomasz Szymański : Texte, La morale des choses. Sur la théorie des correspondances dans l'œuvre de Charles Baudelaire. 2019.

Volume 35 Maciej Durkiewicz : Lingua e testualità dei diari on-line italiani. 2020.

Volume 36 Nikol Dziub / Tatiana Musinova / Augustin Voegele (éds): Traduction et interculturalité. Entre identité et altérité. 2019.

Volume 37 Krzysztof Kotuła: Voir à travers le texte, lire à travers l'image. Les mécanismes de la lecture du manuscrit médiéval. 2019.

Volume 38 Edyta Kociubińska (éd.): Le dandysme, de l'histoire au mythe. 2019.

Volume 39 Katarzyna Wołowska (éd.): Les facettes de l'interprétation multiple. 2019.

Volume 40 Ewa Urbaniak: La reduplicación léxica en español y en italiano: formas y motivaciones. 2020.

Volume 41 Alessandro Baldacci / Anna Małgorzata Brysiak / Tomasz Skocki (a cura di): Il futuro della fine. Rappresentazioni dell'apocalisse nella letteratura italiana dal Novecento a oggi. 2020.

Volume 42 Alessandro Baldacci / Anna Małgorzata Brysiak / Tomasz Skocki (a cura di): Variazioni sull'apocalisse. Un percorso nella cultura occidentale dal Novecento ai giorni nostri. 2021.

Volume 43 Joanna Jereczek-Lipińska / Mirosław Trybisz / Izabela Pozierak-Trybisz / Joanna Drzazgowska (éds): La Globalisation communicationnelle. Les enjeux linguistiques. 2021.

Volume 44 Joanna Jereczek-Lipińska / Mirosław Trybisz / Izabela Pozierak-Trybisz / Joanna Drzazgowska (éds): La Globalisation communicationnelle. Les nouveaux défis pour la littérature, la traduction et la didactique de langues. 2021.

Volume 45 Ágata Cristina Cáceres Sztorc: Cicatrices Resonantes Género, violencia y memoria en la obra literaria de Rocío Silva Santisteban. 2021.

Volume 46 Artur Gałkowski / Stefano Cavallo / Katarzyna Kowalik (eds.): Et in Arcadia ego. Roma come luogo della memoria nelle culture europee • Et in Arcadia ego. Rome as a memorial place in European cultures. Le strade che portano alla Città eterna • The roads leading to the Eternal City. 2021.

Volume 47 Nikol Dziub / Augustin Voegele (eds.): Le prix Nobel de littérature et l'Europe. The Nobel Prize for Literature and Europe. 2021.

www.peterlang.com

Lightning Source UK Ltd.
Milton Keynes UK
UKHW040626201121
394284UK00002B/126

9 783631 841822